दे काल-अग्नि आहुति अब,
इस समर-भूमि को शुद्ध करो,
तज विजय-पराजय की चिन्ता,
हे पार्थ! उठो और युद्ध करो,

यह मेरी भगवद्गीता है...

(श्रीमद्भगवद्गीता का सरल काव्य रूपान्तरण)

यह मेरी भगवद्गीता है...

(श्रीमद्भगवद्गीता का सरल काव्य रूपान्तरण)

क्रान्ति शेखर सिंह

वाणी प्रकाशन

प्रकाशन के उत्कृष्टतम 63 वर्ष

vaniprakashan.com

सजिल्द प्रथम संस्करण : 2026

वाणी प्रकाशन

4695, 21-ए, दरियागंज, नयी दिल्ली-110 002

फ़ोन : +91 11 23273167, 23275710

शाखाएँ

अशोक राजपथ, पटना-800 004, बिहार

कॉफ़ी हाउस कैम्पस, महात्मा गांधी मार्ग, प्रयागराज-211 001, उत्तर प्रदेश

महात्मा गांधी अन्तरराष्ट्रीय हिन्दी विश्वविद्यालय, वर्धा-442 001, महाराष्ट्र

sales@vaniprakashan.in
vaniprakashan@gmail.com

Yah Meri Bhagavadgita Hai...
(Shrimadbhagavadgita Ka Saral Kavya Roopantaran)
by Kranti Shekhar Singh

ISBN : 978-93-7348-754-0
Poetry

मूल्य : ₹ 1350

थॉमसन प्रेस (इंडिया) लि. में मुद्रित

वाणी प्रकाशन का लोगो मक़बूल फ़िदा हुसैन की कूची से

समर्पण

पूज्य पिता जी को जिन्होंने सर्वप्रथम मुझे मेरे शैक्षणिक जीवन में ही श्रीमद्‍भागवत, श्रीमद्‍भगवद्‍गीता एवं योग वशिष्ठ के गूढ़ विषयों के अध्ययन के प्रति प्रेरित किया।

स्मृतिशेष श्री रामकुमार सिंह

(6 जुलाई 1952 -14 सितम्बर 2011)

दो शब्द

प्रिय पाठको,

भगवद्गीता का यह संस्करण आपके हाथों में सौंपते हुए मुझे अपार खुशी हो रही है। इस पवित्र ग्रन्थ ने न केवल मेरे जीवन को मार्गदर्शन दिया है, बल्कि यह अनन्त ज्ञान और आध्यात्मिकता का स्रोत है। मुझे आशा है कि इस पुस्तक के माध्यम से आपको भी वही शान्ति और प्रेरणा प्राप्त होगी जो मुझे मिली है।

गीता के उपदेशों ने हमें यह सिखाया है कि जीवन में आने वाली हर चुनौती का सामना धैर्य, साहस और विवेक से करना चाहिए। भगवान् श्रीकृष्ण के शब्द हमें हमेशा सच्चाई, धर्म और कर्तव्य की राह पर चलने के लिए प्रेरित करते हैं।

मैं आप सभी का धन्यवाद करता हूँ जिन्होंने इस यात्रा में मेरा साथ दिया और इस पुस्तक को सम्भव बनाया। मुझे उम्मीद है कि इस संस्करण के माध्यम से भगवद्गीता का सन्देश आपके दिलों तक पहुँचेगा और आपके जीवन में सकारात्मक बदलाव लायेगा।

जय श्रीकृष्ण! प्रतिमान

सप्रेम,

—क्रान्ति शेखर सिंह

भूमिका

"**अहं सर्वस्व प्रभवो मत्तः प्रवर्तते**" वस्तुतः जीव मात्र का उद्देश्य स्थायी आनन्द की प्राप्ति ही है, उसको प्राप्त करने में जो क्रिया सम्पादित करनी है, वह निश्चित रूप से एक नहीं है अनेक हैं, लेकिन गन्तव्य आनन्द वह ही नित्य है। श्रीमद्भगवद्गीता मानव-मात्र के कल्याणार्थ एक ऐसा मार्ग प्रशस्त करती है जिससे सभी के हृदय में आनन्द के स्रोत प्रस्फुटित होते रहेंगे अर्थात् नित्य आनन्द की प्राप्ति सुनिश्चित है।

श्रीमद्भगवद्गीता को महाभारत से अवतरित किया गया है। महाभारत में भीष्म-पर्व के अन्तर्गत अध्याय 25 से 42 तक अर्जुन के मोह और श्रीकृष्ण के उस उपदेश का वर्णन है जिसे भगवद्गीता कहते हैं। इसमें श्रीकृष्ण ने आत्मा के अमरत्व की उच्च स्वर से घोषणा की है।

महाभारत के बारे में कहा जाता है कि—"**यदिहास्ति तदन्यत्र यन्नेहास्ति न तत्क्वचित्**" गीता उसका हृदय है। '**स्वधर्मे निधनं श्रेयः**' गीता का यह सन्देश है जो धार्मिकता और धर्मनिरपेक्षता की भावना प्रस्तुत करता है। '**सर्वधर्मान्परित्यज्य मामेकं शरणं व्रज**' यह शरणागति सन्देश मानव-मात्र के लिए मंगल का स्रोत्र उद्घाटित करता है।

उपनिषद, ब्रह्मसूत्र ये दोनों ग्रन्थ सर्व ग्राह्यता के अभाव में सामान्य व्यक्ति की समझ से बाहर होते चले गये किन्तु श्रीमद्भगवद्गीता इन ग्रन्थों का सार-तत्त्व है। अतः यह परमात्म तत्त्व का निरूपण करने में सक्षम है। परमात्मा से आत्मा की अभिन्नता, आत्मा का अस्तित्व, संसार का स्वरूप, प्रकृति की जड़ता, माया की शक्ति एवं गतिशीलता, निष्काम कर्मयोग, भक्ति योग, ज्ञान योग आदि सभी चिर अभिलषित तत्त्वों की व्याख्या गीता अपने अठारह अध्यायों में करती है।

भारतीय दर्शन में 'ब्रह्म जीव जगत' के विमर्श के लिए जिस मार्ग से तत्त्व दर्शन का प्रयास किया जाता है, वह 'प्रस्थान' कहा जाता है। प्रस्थान तीन होते हैं, उसे 'प्रस्थानत्रयी' कहा जाता है। 1. उपनिषद, 2. ब्रह्मसूत्र, 3. श्रीमद्भगवद्गीता। इन तीनों पर भाष्य करने वाला महापुरुष 'आचार्य' कहलाने का अधिकारी है, अन्य कोई भी नहीं।

गीता ज्ञान मानव जीवन के लिए अत्यन्त उपयोगी है, मानवीय संघर्ष से उत्पन्न समस्याओं का समाधान इतना सहज यहाँ मिलता है कि मानो कुछ था ही नहीं। इसके नित्य मूल्य का कारण यही है। वस्तुतः यह जीवनी-शक्ति है। अतः जीवन के अति सन्निकट प्रतिपल प्रतीत होती जाती है। जितना इसे दुहरायेंगे अर्थात् पुनः पुनः अध्ययन का अभ्यास करते चलेंगे, उतना ही जीवन में एक निखार आता चला जायेगा। गीता समस्त उपनिषदों का सार-तत्त्व है। श्रीकृष्ण द्वारा दिये गये ज्ञान से अर्जुन प्रबुद्ध हो उठा, उसका मोह नष्ट हो गया और वह युद्ध में प्रवृत्त हुआ।

श्रीमद्भगवद्गीता भारतीय जीवन का आहार है। इस ज्ञानामृत के रसास्वादन की क्षमता भी संस्कृत भाषा की सार्वदेशिकता घटने के साथ-साथ क्षीण हो गयी। फिर भी गीता राष्ट्रीय निर्माण में मुखर रूप से प्रेरक शक्ति के रूप में विद्यमान रही है। ग्रहस्थ धर्म का निर्वाह करते हुए शील धर्म का पालन सभी के लिए सम्भव है। मानव-मात्र अपने कर्तव्य कर्म को ही इस धर्म के पालन का विषय बना सकता है।

बन्धन छोटा हो या बड़ा, बन्धन तो बन्धन ही है, इसलिए सबसे मुख्य है मन की साधना, मन एवं मनुष्याणां कारणं बन्ध मोक्षयोः ही सर्वोपरि है।

मन का भाव विशुद्ध होना चाहिए। यदि मन कुभाव से ग्रसित है तो धर्म या शील एक दिखावा मात्र रह जायेगा। इसी भाव की अभिव्यक्ति गीता में भी श्रीकृष्ण ने प्रस्तुत की है जिसका काव्यानुवाद श्री शेखर जी ने निम्न पंक्तियों में प्रभावोत्पादक रूप में किया है—

मन का प्रशिक्षण ऐसा हो,
जो मोह के बन्धन काट सके।
हो आकर्षण से दूर सदा,
जड़ता के गड्ढे पाट सके।।

जब विशुद्ध बुद्धि फलासक्ति से मुक्त होकर अर्थात् बन्धन का हेतु समझकर तर जायेगी—

यदिदं मनसा वाचा चक्षुर्भ्यां श्रवणादिभिः।
नश्वरं गृह्यमाणं च विद्धि मायामनोमयम्।।

'जब तुम मन से, वाणी से, नेत्र से और क्षेत्रादि से ग्राह्य भाव तथा मनोरचित इस लोक लोकान्तर को विनश्वर-मिथ्या तथा ब्रह्म को सत्य समझ लोगे। उस काल में तुझे पहले सुने हुए तथा भविष्य में सुनने योग्य सम्पूर्ण विषयों से वैराग्य हो जायेगा। तत्पश्चात् तू ब्रह्म साक्षात्कार का अधिकारी होगा।'

फल को चाहने वाला आत्म तत्त्व को न जानने के कारण पुनः-पुनः जन्म-मृत्यु को प्राप्त होता रहता है। अतएव श्रद्धा सहित निष्काम कर्म के द्वारा ही सिद्धि-असिद्धि में सम होकर कर्म करना ही 'समता-योग' कहा गया है।

त्रैगुण्य विषयावेदा निस्त्रैगुण्यो भवार्जुन।
निर्द्वन्द्वो नित्यसत्वस्थो निर्योगक्षेम आत्मवान्।। गीता 2/45

विद्यमान वस्तु की रक्षा को 'क्षेम' कहते हैं, जो वस्तु विद्यमान न हो उसे उपलब्ध करने का नाम 'योग' है। इस प्रकार हम देखते हैं कि सर्वत्र 'योग-क्षेम' ही विद्यमान है, अतः श्रीकृष्ण कहते हैं कि हे अर्जुन तुम योग-क्षेम के पार जाओ। आत्मवान से अभिप्राय आत्मा को जानने वाला। इस भाव सम्पदा को श्री शेखर जी ने अपने काव्यानुवाद के प्रस्तुतीकरण में कितनी सशक्त प्रस्तुति दी है जो कि किसी भी भक्त हृदय को प्रभावित करने से कदापि पीछे नहीं रहेगी। द्रष्टव्य है—

ये वेद विषय हैं त्रिगुणों के
बस सत, रज, तम को गाते हैं।
जो 'ब्रह्म' के ज्ञानी, गुणातीत
वो 'ब्राह्मण' का पद पाते हैं।।

समस्त वेद तीनों गुणों को ही बतलाते रहते हैं। अतः हे अर्जुन तुम राग-द्वेष आदि से शून्य हो जाओ एवं निर्द्वन्द्व, सदा सत्व-सम्पन्न, योग और क्षेम से रहित

और आत्मवान् बन जाओ क्योंकि प्रकृति के साम्राज्य में कभी भी शाश्वत सुख प्राप्त नहीं हो सकता। सत्व, रज, तम इन तीनों गुणों का कार्य रूप 'जगत्' है। वेद उन्हीं सांसारिक पदार्थों को विषय करते रहते हैं। तुम द्वन्द्वों से मुक्त हो जाओ, परस्पर विरुद्ध राग-द्वेष, सुख-दुःख, शीत-उष्ण, हानि-लाभ आदि मानस भाव हैं। इन द्वन्द्वों के मध्य तुम न रहो। इसी रूप स्वरूप के प्रति श्री शेखर जी की भाव भंगिमा द्रष्टव्य है—

जो ज्ञानी, कर्मठ, तपसी है,
'गीतार्थ' समझने वाला है।
हो द्वेष-रहित और पाप-मुक्त,
वो मोक्ष साधने वाला है।

विरुद्ध युग्म पदार्थ मन को विचलित करते रहते हैं। जिसके अन्त:करण से ये द्वन्द्व निकल चुके हैं, उसे निर्द्वन्द्व कहते हैं, इन्हीं द्वन्द्वों के लिए कबीर का कथन—

चलती चक्की देख के दिया कबीरा रोय।
दो पाटन के बीच में साबुत बचा न कोय।।

कबीरदास जी इस प्रकार की निरीह स्थिति को देखकर रोने लगे, अर्थात् राग-द्वेष, सुख-दु:ख आदि द्वन्द्वों के बीच में सब पिस रहे हैं। कोई भी साबुत नहीं है लेकिन—

चलती चक्की देखकर दिया कमाल हसाय।
कीली से जो लाग रहा सो नहीं पीसा जाय।।

अर्थात् कीली से जो दाना चिपट गया वह पीसा नहीं जा सकता। कीली से यहाँ अभिप्राय ईश्वर है जो भगवान् से चिपटा हुआ है, वही इस संसार रूपी प्रपंच से अलग है। अर्थात् भगवान् श्रीकृष्ण कहते हैं कि कहीं तेरी आसक्ति कर्म न करने में न हो जाये इसी भावापन्न स्थिति को श्री शेखर जी के शब्दों में देखें—

तज ऋद्धि-सिद्धि आसक्ति को,
निष्काम भाव जो कर्म करे।
है समत्व योग का योगी वह,
जो श्रद्धा से निज कर्म करे।।

गीता के दूसरे अध्याय का अड़तालीसवाँ श्लोक भी देखें —

योगस्थ कुरु कर्माणि सङ्ग त्यत्वा धनञ्जय।
सिद्धासिद्धयोः समो भूत्वा समत्वं योग उच्यते।।

अतः समत्व बुद्धि के शरणापन्न होकर सर्वात्म-दर्शन के द्वारा कृत कृत्य हो जा। समत्व-योग और कर्म-योग गीता की इस जगत को असाधारण देन है। इसीलिए भगवान् श्रीकृष्ण का डिडिम घोष है कि—

एक भक्त हृदय 'देवालय' सा,
वहाँ 'गीता' की प्राण-प्रतिष्ठा हो,
उसे अन्त में मेरा धाम मिले,
जिस भक्त की मुझमें निष्ठा हो।

गीता मानव जीवन की अमर-मूर है। इसी एकमात्र उपनिषद की भाषा संकेतात्मक है, यह 'नारायण' का 'नर' को दिया गया अपरोक्ष वरदान है। इसके अध्ययन से मानव मात्र जीवन को सार्थक बना सकता है।

श्रीमद्भगवद्गीता का यह पद्यानुवाद बहुत ही सफल, सरल, सरस और सुबोध है। पद्यानुवाद निश्चित रूप से अति श्रम-साध्य व दुरूह कार्य है, अनुवाद करने में चार कठिनाइयाँ सदैव खड़ी रहती हैं—

1. दोनों भाषाओं का पूर्ण ज्ञान आवश्यक होता है, जिसका अनुवाद किया जाना है, वह भाषा और जिस भाषा में अनुवाद होना है।
2. अनुवादक का यह उत्तरदायित्व बनता है कि वह उसी के समकक्ष शब्द का चयन अनुवाद होने वाली भाषा में करे।

3. शब्द की व्यंजना यथावत उपस्थित की जाये।

4. उस शब्द का माधुर्य व लालित्य उसी अनुपात में आवश्यक है।

वेत्ता विद्वान श्री क्रान्ति शेखर जी के आलोच्य काव्यानुवाद से ज्ञात होता है कि काव्य की भाव भंगिमाओं को अनुरूप स्वरूप प्रदान करने में प्रवीण हैं, पग-पग पर किया गया शब्द-विन्यास विशेष प्रशंसा के योग्य बन पड़ा है। अनुवाद के उक्त चारों अनुशासनों की रक्षा करने में दक्षता का परिचय देने में किंचित भी मति भ्रम होने की स्थिति नहीं आने दी है, सभी कुछ समतुल्य और अनुकूल सिद्ध हुआ है।

गीता ने सर्वप्रथम यही अवगत कराया कि सांख्य और योग दो मुख्य मार्ग हैं। सांख्य ही ज्ञान-मार्ग है और योग कर्म-मार्ग। दोनों ही समान हैं। संसार में कर्म के बिना कोई रह नहीं सकता इसलिए कर्म से संसिद्धि में लगना चाहिए।

कर्मणैव हि संसिद्धिमास्थिता जनकादयः।

लोक संग्रहमेवापि संपश्यन् कर्तुमर्हसि।। 3/20

श्रीकृष्ण ने गीता में लोक संग्रह के सिद्धान्त का प्रतिपादन किया है। लेकिन हमारे लोक कवि श्री शेखर जी स्पष्ट करते हैं—

अन्तर्यामी में लीन है जो,
बस बाहर से लोकाचार करे।
ना विषयों में आकर्षित जो,
वो योगी सम व्यवहार करे।।

श्री क्रान्ति शेखर जी ने अपने व्यस्ततम् जीवन के समस्त कार्यों को सम्पादन करते हुए हिन्दी भाषा के माध्यम से सरल, सुबोध और सरस मुक्त छन्दोबद्ध पद्यानुवाद का अध्ययन कर मुझे अतीव प्रसन्नता व कौतूहल हुआ। श्रीमद्भगवद्गीता के अनेक भाषाओं में अनुवाद हुए हैं, किन्तु भाव-गम्भीर यह पद्यानुवाद अनूठा प्रवाहशील बन पड़ा है, अद्यतन इस प्रकार का अनुवाद मेरे देखने

में नहीं आया है। पाठक जब इसे पढ़ना शुरू करेंगे तो शनैः-शनैः उसके अन्दर चषक निरन्तर बढ़ती चली जायेगी और वह अगले छन्द को और भी मनोयोग से पढ़ता चला जायेगा। इसकी आभा और प्रभा पाठक की रुचि को समान रूप से प्रभावित करती चली जाती है।

प्रस्तुत काव्यानुवाद सहजता से परमात्म-तत्त्व का निरूपण करने में सक्षम है। वस्तुतः अध्यात्म ग्रन्थों का सार स्वरूप है, इसीलिए इसका अनुशीलन करना मानव जीवन का सदुपयोग कहा जाता है, वैदिक परम्परा का अध्ययन करने वाले पुनः-पुनः त्रिगुणों की ही परिचर्चा में तन्मय रहते हैं किन्तु श्रीमद्भगवद्गीता में निष्काम कर्मयोग की सम्प्रदाय परम्परा का भगवान् निरूपण करते और अर्जुन के प्रति सौहार्द भी अवगत करते हैं।

इम विवस्वते योगं प्रोक्तवानहमव्ययम्।
विवस्वान्मनवे प्राह मनुरिक्ष्वाकवेऽब्रवीत्।।
एवं परम्परा प्राप्तमिमं राजर्षयो विदुः।
स कालेनेह महता योगोनष्टः परं तप।।

अर्थात् भगवान् श्रीकृष्ण ने कहा कि सर्वप्रथम इस अविनाशी योग का सूर्य को उपदेश दिया, सूर्य ने मनु को उपदेश दिया और मनु ने अपने ज्येष्ठ पुत्र इक्ष्वाकु को उपदेश दिया। सूर्य की परम्परा से प्राप्त इस योग को राजा और ऋषि जानते थे, पर इस समय काल के प्रभाव से यह योग लुप्त हो गया।

इसी की भावोचित प्रस्तुति श्री क्रान्ति शेखर जी ने इस प्रकार अभिव्यक्त की है। द्रष्टव्य है—

इस अमर ज्ञान के प्रथम पात्र,
वह सूर्यदेव 'विवस्वान' बने।
फिर मनु ने दिया इक्ष्वाकु को,
अब अर्जुन तुम निमित्त महान बने।।

राज-ऋषि और गुरुओं ने,
शिष्यों को यह ज्ञान दिया।
लुप्त हुई जब गुरु परम्परा
तब मैंने ये गीता-गान किया।।

भावों की गम्भीरता और विवेचना की प्रांजलता आपके प्रतिपादन में अवश्य मुखर है। वैदुष्य का प्रदर्शन न होने पर भी यह वैदुष्य से वंचित नहीं है। आपकी अभिव्यक्ति अद्वैतवाद के बिम्बों का चित्रण करने में अप्रत्याशित रूप से प्रखर बन पड़ी है—

है गुरु वहीं, और ज्ञान वहीं,
वहीं लक्ष्मी संग समृद्धि है,
है दया-धर्म, पुरुषार्थ वहीं
जहाँ 'कृष्ण', वहीं पर सिद्धि है।

श्रीमद्भगवद्गीता की ऐतिहासिक पृष्ठभूमि को सुगम्य भाव-धारा में श्री क्रान्ति शेखर जी ने अपनी प्रखर संप्रेषणीयता के साथ जनमानस को श्रीमद्भगवद्गीता का परिवेषण कर बहुत ही श्रेष्ठ कार्य किया है। मैं श्री शेखर जी की भूरि-भूरि प्रशंसा के साथ अभिनन्दन करता हूँ, जिन्होंने अपनी भावनाओं को संयमित करते हुए अत्यन्त महत्त्वपूर्ण सन्देश प्रसारित किया है कि—

ऐश्वर्य, शक्ति और विजय वहीं,
जहाँ 'कृष्ण' रूप वह निर्गुण है,
है अचल नीति और धर्म वहीं
वहीं परम धनुर्धर 'अर्जुन' है।

—डॉ. उमेश चन्द्र शर्मा
ब्रज संस्कृति विशेषज्ञ
उ.प्र. ब्रज तीर्थ विकास परिषद, मथुरा

लेखक परिचय

क्रान्ति शेखर सिंह
जन्म : 9 नवम्बर 1982

मनीषी हृदय क्रान्ति शेखर सिंह का जन्म भागीरथी के तटवर्ती प्रान्त विंध्याचल के अन्तर्गत मिर्जापुर जनपद के गंगातट पर स्थित कमासिन गाँव के प्रतिष्ठित क्षत्रिय कुलभूषण श्री रामकुमार सिंह व श्रीमती प्रेमलता सिंह के घर हुआ। घर की प्राचीरें इनकी किलकारियों के मधुर स्नेहानुबन्धन से पुलकित हो उठीं। इस अपूर्व वेला में कार्तिक मास की प्रबोधिनी एकादशी अपनी मंगलमयी जय स्वस्ति की अनुगूँज से मुखरित थी। इस समय माधव मास के वातावरण की प्रतिच्छाया में समस्त वैष्णव समाज राधाकृष्ण की अनपायिनी भक्ति की नियम सेवा में सुस्थिर रहता है, जिसका सीधा प्रभाव श्री शेखर जी के कोमल स्पन्दन मण्डल पर अमिट रूप से अंकित हो गया। संयोगवश श्री शेखर जी का प्रथम वृन्दावन आगमन 'रंगभरनी' एकादशी के दिन हुआ और बिहारी जी के प्रथम बार दर्शन हुए।

इनकी प्रारम्भिक शिक्षा मिर्जापुर में हुई। शनैः-शनैः शिक्षा के सोपानों की उच्च सफलताओं से स्पर्श करते हुए मोतीलाल नेहरू इंजीनियरिंग कॉलेज, प्रयागराज से इलैक्ट्रिकल इंजीनियरिंग में बी.टेक. सम्पन्न किया।

भारत सरकार की महारत्न कम्पनी गेल (गैस अथॉरिटी ऑफ इंडिया) में अभियन्ता एवं प्रबन्धक पद पर 8 वर्ष पर्यन्त सेवारत रहे। 2015 से प्रशासनिक सेवा में उत्तर प्रदेश में उप-जिलाधिकारी पद पर चयनित होने के उपरान्त अनवरत प्रशासनिक सेवा प्रदान कर रहे हैं, जिसमें मथुरा जनपद में लगभग 7 वर्ष तक अपनी कर्मठता और कुशलता से रहते हुए; एस.डी.एम. सदर, विशेष कार्याधिकारी विकास प्राधिकरण एवं अपर आयुक्त नगर निगम आदि सेवाओं में समर्पित भाव से संलग्न रहे। इस मध्य वृन्दावन क्षेत्र में अनेक कुंडों, तालाबों, वनों व गौशालाओं के विकास एवं पुनर्स्थापना के लिए प्रयासरत रहे। संयोगवश इनकी अर्धांगिनी श्रीमती प्रतिमा सिंह भी बचपन से कृष्ण भक्त रही हैं एवं इनका बचपन का कुछ समय मथुरा में व्यतीत हुआ ।

ये गीता अध्ययन और मनन के प्रति सदैव उत्सुक रहे हैं। लम्बे समय के चिन्तनोपरान्त एक दिन स्वत:स्फूर्त भावना स्वयं लेखनी से उद्भूत होने लगी; गीता के श्लोकों का काव्यात्मक प्रशस्य रूप प्रसृत होने लगा। यह एक संयोग ही था कि वह शुभ दिवस 'मोक्षदा-एकादशी' अर्थात् इसी दिन भगवान् श्रीकृष्ण ने अर्जुन को गीता उपदेश प्रदान किया था। आज हम इस दिन को 'गीता जयन्ती' के रूप में उत्सव मनाते हैं।

श्री शेखर जी मूल रूप से कृष्ण भक्ति परम्परा के साहित्यकार हैं। आपने कृष्ण भक्त कवि सूरदास, रसखान, ताजबीबी को लेकर और भी गहराई से चालीस रचनाओं का प्रणयन योगेश्वर श्रीकृष्ण को समर्पित किया है।

आपके द्वारा रचित 'गीतोक्त काव्य कृति' अपनी सनातनता, भाव प्रवणता, बिम्बधर्मिता और प्रतीकात्मकता के कारण भविष्य में सहज ही अमर रचना होने का अधिकार प्रस्तुत करती है।

अनुक्रमणिका

दो शब्द		6
भूमिका		7
अध्याय-एक	**कुरुक्षेत्र युद्धभूमि में सैन्य-निरीक्षण एवं अर्जुन का मोह**	19
अध्याय-दो	**गीता का सार-तत्त्व**	35
अध्याय-तीन	**कर्म-योग**	51
अध्याय-चार	**दिव्यज्ञान**	67
अध्याय-पाँच	**कर्म-सन्यास योग**	83
अध्याय-छह	**ध्यान-योग**	95
अध्याय-सात	**भगवद्ज्ञान**	107
अध्याय-आठ	**भगवद्-प्राप्ति**	119
अध्याय-नौ	**परम गुह्य-ज्ञान**	131
अध्याय-दस	**श्रीभगवान् का ऐश्वर्य**	143
अध्याय-ग्यारह	**विराट-रूप**	159
अध्याय-बारह	**भक्ति-योग**	175
अध्याय-तेरह	**प्रकृति, पुरुष एवं चेतना**	187
अध्याय-चौदह	**प्रकृति के तीन गुण**	203
अध्याय-पन्द्रह	**पुरुषोत्तम योग**	215
अध्याय-सोलह	**दैवी एवं आसुरी स्वभाव**	227
अध्याय-सत्रह	**श्रद्धा के विभाग**	239
अध्याय-अठारह	**उपसंहार-सन्यास की सिद्धि**	251
परिशिष्ट		281

अध्याय - एक

// कृष्णं वन्दे जगद् गुरुम् //

कुरुक्षेत्र युद्धभूमि में सैन्य-निरीक्षण एवं अर्जुन का मोह

संशय-विषाद योग

परमवीर योद्धा अर्जुन युद्धाभिमुख विपक्षी सेना में अपने निकट सगे-सम्बन्धियों, पितामह, गुरु, भाइयों और मित्रों इत्यादि को देखकर शोक और करुणा से अभिभूत हो जाता है और अपनी शक्ति खोने लगता है। उसका मन मोहग्रस्त हो जाता है और वो युद्ध के संकल्प को त्याग देता है।

अर्जुन को शत्रु सेना में अपना परिवार ही दिखाई पड़ता है, जिसे मारना है। जहाँ तक सम्बन्ध है उतना ही जगत है। अनुराग के प्रथम चरण में पारिवारिक मोह बाधक बनता है। साधक जब देखता है कि मधुर सम्बन्धों से इतना विच्छेद हो जायेगा, तो उसे घबराहट होने लगती है। स्वजनों के प्रति आसक्ति का नाश करने में उसे अकल्याण दिखाई देने लगता है। और वह प्रचलित रूढ़ियों के माध्यम से अपना बचाव ढूँढ़ने का प्रयत्न करता है। 'कुल-धर्म ही सनातन धर्म है' ऐसा कहकर अर्जुन ने भी ऐसा ही बचाव ढूँढ़ने का प्रयत्न किया एवं शस्त्र त्याग कर युद्ध करने से मना कर दिया।

पाँच सहस्र वर्षों पहले,
एक युद्ध बड़ा विकराल हुआ,
वह कुरुक्षेत्र की भूमि थी,
भयभीत स्वयं भी काल हुआ,

अद्भुत वीरों का मेला था,
नियति ने ऐसा खेला था,
कहीं पिता-पुत्र रण में सम्मुख,
कहीं गुरु के सम्मुख चेला था,

भाई के सम्मुख भाई थे,
जो करते आज लड़ाई थे,
हों जामाता या भ्रातृ-पुत्र,
सब चढ़ते समर-चढ़ाई थे,

कहीं सिंह से गर्जन होते थे,
कहीं व्यूह की अद्भुत रचना थी,
थे रथ विशाल और शस्त्र विविध,
कहीं सजी अक्षौहिणी सेना थी,

कहीं नाद प्रबल रण-भेरी का,
जयकार दिखाई देती थी,
कहीं ताल ठोक भुज-दण्डों पर,
ललकार सुनाई देती थी,

धृतराष्ट्र को चिंता पुत्रों की,
है भय भीतर शंकाओं का,
तत्क्षण ही उसने प्रश्न किया,
क्या रूप दोनों सेनाओं का,

संजय ने बोला हे राजन!
आवेशित पाण्डव सेना है,
हो महाप्रलय फैलाये मुख,
ऐसी भीषण व्यूह-रचना है,

जो क्षात्र धर्म के निपुण वीर,
कुछ ऐसे नाम बताता हूँ,
बल में अर्जुन-भीम समान,
उनका परिचय करवाता हूँ,

हैं चेकितान, शैव्य, धृष्टकेतु,
और काशीराज, युधामन्यु है,
हैं कुन्तीभोज और पुरुजित,
और अर्जुन पुत्र अभिमन्यु है,

गुरु द्रोण हैं, अश्वत्थामा भी,
और कृपाचार्य सा नाम बड़ा,
महाबली वो कर्ण है जैसे,
गज-झुण्ड मध्य हो सिंह खड़ा,

हैं शक्ति-शौर्य के सूर्य भीष्म,
जो कुरु-सेना अधिनायक हैं,
जहाँ थाह ना पाएँ ब्रह्मा भी,
कुछ ऐसे सेना-नायक हैं,

रथ रण-विजय है अर्जुन का,
'कपि-ध्वज' शीर्ष फहरता है,
और सूत बना 'योगेश्वर' जो,
दिनकर की चाल बदलता है,

हैं भीष्म विपक्षी सेनापति,
त्रिभुवन जिनसे घबराता है,
है मृत्यु भी उनकी मुट्ठी में,
और काल छिपा कतराता है,

हैं राजा, सेना और राज्य कई,
कहीं 'द्रुपद' कहीं 'विराट' दिखें,
संजय की आँखें सजग टिकीं,
और चिन्तित से धृतराष्ट्र दिखें,

पाञ्चजन्य, देवदत्त सरीखे,
दिव्य शंखों के उद्घोष हुए,
बिगुल, नगाड़े, तुरही के संग,
भीषण ध्वनि जय-घोष हुए,

उस मेरु से मंदराचल तक,
सब पर्वत भय को भाँप गए,
है वसुधा जिस पर टिकी हुई,
वो 'शेष-कूर्म' भी काँप गए,

भय से रत्नाकर उमड़ पड़ा,
कैलाश छिपा जल-वृष्टि में,
दिनकर दिन में ही डूब गए,
और प्रलय सा छाया सृष्टि में,

है रथ विशाल परंतप का,
और श्वेत अश्व बलवान तने,
हनुमत सजे पताका पर,
और वासुदेव रथवान बने,

अर्जुन ने बोला, हे अच्युत!
रथ रणभूमि के मध्य में लो,
है युद्ध मेरा किन वीरों से,
मैं भी देखूँ, तुम साथ चलो,

नित कहलाते प्रतिमूर्ति थे,
जो धर्म-न्याय उद्‌बोधन का,
यहाँ साथ निभाने आये हैं,
उस दुर्बुद्धि 'दुर्योधन' का,

हैं तात, पितामह, गुरु, भाई,
कुछ शुभचिन्तक साथी मेरे,
हैं मित्र कई कुरु सेना में,
जो बन शत्रु रण में घेरे,

हो त्रिलोक का राज्य अखण्ड,
ना घोर-कृत्य कर पाऊँगा,
स्वजनों का वध करने से,
आदर मैं किसका पाऊँगा,

जिसने बैठाकर गोदी में,
बचपन में मुझे खिलाया है,
कैसे मैं उनसे युद्ध करूँ,
जिसने ये युद्ध सिखाया है,

जीता तब भी हारा मैं,
और हारा तब भी हारा मैं,
ऐसे में क्यों मैं युद्ध करूँ,
बन जाऊँ कुल-संहारा मैं,

स्वजनों का वध करने से,
विजय का क्या ही मूल्य रहा,
नाश किया जो कुल का मैंने,
ये जन्म नरक के तुल्य रहा,

हे केशव! जो ये युद्ध हुआ,
कुल-जाति-गोत्र मिट जायेगा,
क्षय होगा धर्म 'सनातन' का,
बस पाप यहाँ रह जायेगा,

हों पितृ-गुरु या पुत्र-पितामह,
सब अपने ही घरवाले हैं,
यहाँ युद्धभूमि में हे केशव!
सब हुए मृत्यु-मतवाले हैं,

जो जुड़े रक्त-सम्बन्धों से,
कर सकता उन पर वार नहीं,
हे योगेश्वर! जीवों के पालक,
मैं लड़ने को तैयार नहीं,

अब अंग मेरे यह काँप रहे,
मुख मेरा सूखा जाता है,
यह धनु हाथों से सरक रहा,
और सिर मेरा चकराता है,

हैं इन्द्रिय मेरी सूख रहीं,
हिय शोक में डूबा जाता है,
अब नहीं चाहिए राज्य कोई,
यह युद्ध लड़ा ना जाता है,

मैं भूल चुका कर्तव्य सभी,
अब धैर्य मैं अपना खोता हूँ,
मुझे राह दिखाओ हे माधव!,
मैं शरणागत तेरे होता हूँ,

यह कहकर अर्जुन बैठ गया,
रख धनुष बाण, रथ आसन पर,
ना रखना मुझको दावा कोई,
अब हस्तिनापुर सिंहासन पर,

मन में करुणा ने जन्म लिया,
और वीर प्रवृत्ति चली गई,
वह मोह-दया का ग्रास बना,
बल और पौरुषता छली गई,

रण-मध्य दुखी है महाबाहु,
अन्तर है ऐसा द्रवित हुआ,
दिनकर हों जैसे कलाहीन,
तपसी हो कोई भ्रमित हुआ,

तब कुरुक्षेत्र की भूमि पर,
जो बही ज्ञान की धारा है
उस न्याय-धर्म उद्बोधन ने,
अर्जुन का कष्ट निवारा है,

बिना उठाये शस्त्र कोई,
इस 'महाभारत' को जीता है,
उस योगेश्वर का गायन है,
यह मेरी भगवद्गीता है...

अध्याय - दो

// कृष्णं वन्दे जगद्‌ गुरुम्‌ //

गीता का सार-तत्त्व

कर्म-जिज्ञासा

अर्जुन शिष्य के रूप में योगेश्वर श्रीकृष्ण जी की शरण ग्रहण करता है और श्रीकृष्ण उसे नश्वर भौतिक शरीर एवं नित्य आत्मा के मूलभूत अन्तर की व्याख्या करते हुए अपना उपदेश देना प्रारम्भ करते हैं। श्रीकृष्ण अर्जुन को देहान्तरण की प्रक्रिया, परमेश्वर की निष्काम सेवा और स्वरूप सिद्ध व्यक्ति के गुणों से अवगत कराते हुए क्षत्रिय धर्म का ज्ञान भी प्रदान करते हैं।

इस अध्याय में श्रीकृष्ण ने कर्म की गरिमा एवं उसे करने में बरती जाने वाली सावधानी और स्थितप्रज्ञ के लक्षण बताकर अर्जुन के मन में कर्म के प्रति उत्कंठा जाग्रत की है। उसे कुछ प्रश्न दिए हैं, आत्मा शाश्वत है, सनातन है, उसे जानकर तत्त्वदर्शी बनो। उसकी प्राप्ति के दो साधन हैं 'ज्ञान-योग' और 'निष्काम कर्म-योग'।

अपनी शक्ति को समझ कर हानि-लाभ का स्वयं निर्णय लेकर कर्म में प्रवृत्त होना 'ज्ञान-मार्ग' है और इष्ट पर निर्भर होकर समर्पण के साथ इन कर्मों में प्रवृत्त होना 'निष्काम कर्म-योग' या 'भक्ति-योग' है। इस कर्म के परिणाम में 'परमशान्ति' है। इस अध्याय में अर्जुन के मन में कर्म के प्रति जिज्ञासा उत्पन्न हुई है।

हैं भीष्म-द्रोण करुणा-मूर्ति,
असीम वो विद्या सागर हैं,
कैसे मैं उन पर वार करूँ,
जो गहन हृदय रत्नाकर हैं,

उचित है क्या, अनुचित है क्या,
मैं उलझा हूँ इन बातों में,
है तिमिर-रोग इन आँखों पर,
उपचार तुम्हारे हाथों में,

खड़े हुए, मधुसूदन बोले,
गति कैसी यह तेरी होती है,
हे पृथापुत्र! यह दुर्बलता,
तुमको नहीं शोभा देती है,

शोक-मग्न होकर तू ऐसे,
रे पार्थ बात क्या कहता है,
तज कर अपनी क्षत्रियता,
पण्डित से वचन बोलता है,

तुम मुकुट-मणि क्षत्रियता के,
वीर की तुम परिभाषा हो,
हो त्रिभुवन के श्रेष्ठ धनुर्धर,
धर्म की तुम अभिलाषा हो,

है युद्ध किया शिव-शंकर से,
और अपना मान बढ़ाया है,
चित्ररथ सदृश गंधर्वों ने,
यशगान तुम्हारा गाया है,

हे अर्जुन! यह कल्मष मन का,
तनिक भी है अनुकूल नहीं,
इससे बस अपयश ही तेरा,
फिर बचेगा जीवन-मूल्य नहीं,

सुख-दुःख होते क्षणिक पार्थ,
ऋतुओं से आते जाते हैं,
वो सहते हैं इन्द्रिय बोध सभी,
जो अविचल भाव जगाते हैं,

है जिसने भी जन्म लिया,
मृत्यु भी उसकी निश्चित है,
फिर पुनर्जन्म का चक्र चले,
सन्देह ना इसमें किंचित है,

यह देह तो होता नश्वर है,
प्रतिक्षण रूप बदलता है,
बाल, तरुण से वृद्ध हुआ,
नव-वेश पुनः यह धरता है,

आत्मा अजर, अमर, अविनाशी
ना जन्म गर्भ से लेती है,
ना मारी जा सकने वाली,
यह 'सत्य-सनातन' होती है,

ना खण्ड-खण्ड हो शस्त्रों से,
ना अग्नि इसे जलाती है,
ना नीर इसे नम कर पाता,
ना मारुत इसे सुखाती है,

स्वभाव देह का नश्वर है,
ये तत्त्व-ज्ञान तू भूल रहा,
ना मरे, ना तू मारा जाए,
तू जान ना अपना मूल रहा,

अनादि काल से प्रकृति का,
ये नियम नित्य चलता आया,
धर रूप विविध ये 'चेतन' ही,
नव-साँचों में ढलता आया,

तट रूपी सुख-दुःख दोनों,
यह जीवन-सरिता मध्य बहे,
तू समभाव में बहता चल,
और 'द्रष्टा' का नित भाव रहे,

है आत्म-तत्त्व का ज्ञान जिसे,
तज राग-द्वेष वो निश्छल है,
ना आशा और निराशा है,
वो जनम-मरण में अविचल है,

तत्त्व का दर्शन जिसे हुआ,
वो सन्त 'सिद्ध' कहलाता है,
प्रपंच हैं सारे खत्म हुए,
सत् 'ब्रह्म' शेष रह जाता है,

ये जगत स्वप्न की तरह पार्थ,
जो आँख खुली, कुछ शेष नहीं,
हो मोह में जिसके डूबे तुम,
है नित्य ये उनका वेश नहीं,

मैं रत्नाकर असीमित जिसमें,
इस देह की नौका बहती है,
चलती चेतन की वायु सदा,
जो जीवित जीव को रखती है,

टूट गया जो कुम्भ देह का,
फिर मुझमें ही मिल जाना है,
समझ गया जो गूढ़ तथ्य यह,
'भव' पार उसी को पाना है,

यह धर्म-अधर्म, सुख-दुःख सारे,
मानव विकार चंचल मन के,
क्यों दास बने तुम फिरते हो,
क्षणिक से इस भौतिक तन के,

ये वेद विषय हैं त्रिगुणों के,
बस सत,रज,तम को गाते हैं,
जो ब्रह्म के ज्ञानी, गुणातीत,
वो 'ब्राह्मण' का पद पाते हैं,

जो ज्ञानी आत्म-परायण है,
वो वेदों से ऊपर उत्थित है,
रहित वो सुख-दुःख द्वन्द्वों से,
नित्य सत्य वस्तु में स्थित है,

है त्रय-तापों में अविचल जो,
भय-क्रोध नहीं छू पाता है,
ना राग-विराग कोई जिसमें,
'मुनि' स्थिर-चित्त कहलाता है,

'मोह' है ऐसा सघन सा वन,
जो बुद्धि को हर लेता है,
इस गहन को उसने पार किया,
जो मन-निग्रह कर लेता है,

तज ऋद्धि-सिद्धि, आसक्ति को,
निष्काम भाव जो कर्म करे,
है 'समत्व-योग' का योगी वह,
जो श्रद्धा से निज धर्म करे,

ये विचलित बुद्धि मानव की,
जब समाधिस्थ हो जाती है,
यही चरम अवस्था योगी की,
उसे 'परम-तत्त्व' तक लाती है,

मोह का जिसमें त्याग हुआ,
मन वैरागी बन जाता है,
बन आत्म-तत्त्व का ज्ञानी वो,
पद अविनाशी का पाता है,

आत्मस्वरूप प्रति जाग्रत जो,
और विषयों के प्रति सुप्ति है,
उस उपाधि रहित, स्थिर बुद्धि,
'मुनिश्रेष्ठ' को मिलती मुक्ति है,

नित गहन शान्ति में रहता वो,
सुख-दुःख के आने जाने में,
वो सागर की स्थिर सीमा सा,
सिद्धि सरिता मिल जाने में,

है आत्मबोध सन्तोष जिसे,
वो परमानन्द विभूति है,
काल के सम्मुख अविचल वो,
'ब्रह्म' की वो अनुभूति है,

जिस मोह फँसे हो तुम अर्जुन,
ये कीर्ति डुबाने वाली है,
परमार्थ से करती वंचित ये,
पुरुषार्थ गँवाने वाली है,

है हृदय की तेरे दुर्बलता,
जो शोक में ऐसे डूबा है,
ये धर्म-युद्ध ही हे अर्जुन!
होती क्षत्रिय की शोभा है,

कर्तव्य तेरा जब सम्मुख है,
'गाण्डीव' तेरा थर्राता है,
धर्म का जिसने वरण किया,
इतिहास उसी को गाता है,

दे काल-अग्नि आहुति अब,
इस समर-भूमि को शुद्ध करो,
तज विजय-पराजय की चिन्ता,
हे पार्थ! उठो और युद्ध करो,

ये धर्म-युद्ध सौभाग्य तेरा,
ये पावन, परम, पुनीता है,
उस योगेश्वर का गायन है,
यह मेरी भगवद्गीता है...

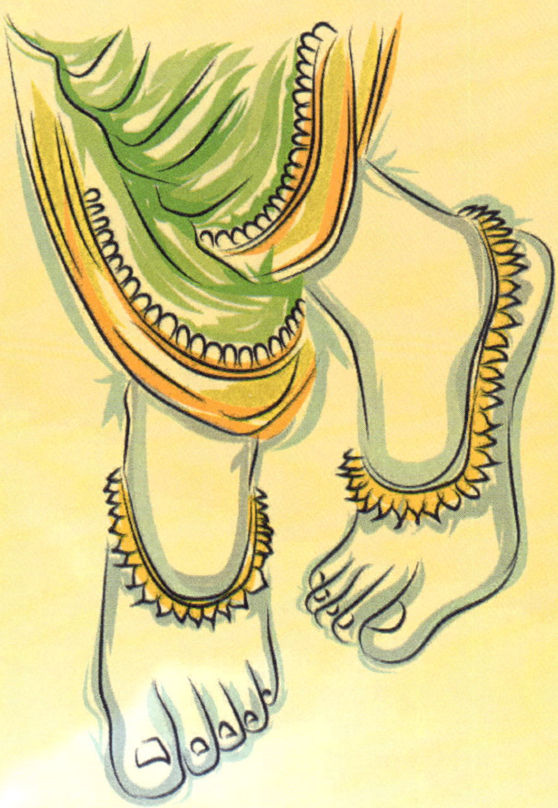

अध्याय - तीन

// कृष्णं वन्दे जगद् गुरुम् //

कर्म - योग

शत्रु-विनाश प्रेरणा

इस भौतिक जगत में हर व्यक्ति को किसी न किसी प्रकार के कर्म में प्रवृत्त होना ही पड़ता है। किन्तु यही कर्म उसे इस जगत से बाँधते या मुक्त करते हैं। निष्काम भाव से परमेश्वर के प्रति समर्पण के साथ कर्म करने से मनुष्य कर्म-नियम से परे हो सकता है और आत्मा तथा परमेश्वर विषयक दिव्यज्ञान प्राप्त कर सकता है।

जहाँ दूसरे अध्याय में योगेश्वर ने कर्म का नाम लिया एवं कर्म के महत्त्व का प्रतिपादन करते हुए कर्म-जिज्ञासा जाग्रत की, वहीं तीसरे अध्याय में कर्म को परिभाषित करते हुए योगेश्वर श्रीकृष्ण कहते हैं कि 'यज्ञ की प्रक्रिया ही कर्म है'। सिद्ध है कि 'यज्ञ' एक निश्चित दिशा है, इसके अतिरिक्त जो भी किया जाता है वह इस लोक का बन्धन है। अतः वास्तविक कर्म वही है जो इस संसार-चक्र के बन्धन से मुक्ति प्रदान करता है।

बुद्धि मोहित सी मेरी है,
मन भ्रम में उलझा जाता है,
हे केशव! कुछ स्पष्ट कहो,
मुझसे ना समझा जाता है,

स्वरूप-ज्ञान समझाकर तुम,
कभी कर्ता-भाव मिटाते हो,
कभी युध्द को करते प्रेरित हो,
और हिंसा-भाव जगाते हो,

इन्द्रिय-निग्रह, निष्काम कर्म,
या सांख्य योग की शक्ति है,
है मार्ग कौन सा हे केशव!
जिसमें सम्भव ये 'मुक्ति' है,

हे पार्थ! तुम्हारा परम लक्ष्य,
उस परम-तत्त्व की खोज रहे,
हो सांख्य-योग या कर्म-योग,
या ज्ञान का अद्भुत ओज रहे,

ये ज्ञान-योग या कर्म-योग,
एक 'ब्रह्म-तत्त्व' दर्शाते हैं,
मार्ग हैं दोनों अलग-अलग,
पर एक लक्ष्य पहुँचाते हैं,

हैं कर्म-इन्द्रियाँ वश में किन्तु,
मन में विषयों का चिन्तन है,
वो छल करता निज अन्तर से,
संसार से जिसका बन्धन है,

अन्तर्यामी में लीन है जो,
बस बाहर से लोकाचार करे,
ना विषयों में आकर्षित जो,
वो योगी-सम व्यवहार करे,

है विधान कर्म का वेदों में,
और वेद, 'ब्रह्म' की वाणी हैं,
वो ब्रह्म है स्थित यज्ञों में,
इस यज्ञ से तरते प्राणी हैं,

जो विहित कर्म से हीन हुआ,
वो मुक्ति-मार्ग निषिद्ध हुआ,
ना परम-तत्त्व की अनुभूति,
ना ही सन्यासी सिद्ध हुआ,

वो बन्धन से होते मुक्त सदा,
जो नियत कर्म को करते हैं,
इन्द्रिय-तृप्ति का ध्येय नहीं,
और मन को स्थिर रखते हैं,

रह अनासक्त, कर्तव्य समझ,
तू नियत कर्म को करता चल,
हे अर्जुन! तेरा भाव रहेगा,
परम-तत्त्व में दृढ़, अविचल,

मैं लोकपाल हूँ सृष्टि का,
संचालक का संचालक हूँ,
कर्तव्य नहीं कोई फिर भी,
मैं नियत कर्म का पालक हूँ,

कर नियत कर्म का पालन मैं,
जग को आदर्श सिखाता हूँ,
पथ से विचलित प्राणी को,
मुक्ति का मार्ग दिखाता हूँ,

आत्मस्वरूप में लीन है जो,
ना कर्तव्य भाव से युक्त रहे,
नित परम-तत्त्व के चिन्तन में,
वो नियत कर्म से मुक्त रहे,

'माया' और 'मदन' में खोया,
मति मूढ़ जीव अज्ञानी है,
वो मन, बुद्धि से परे हुआ,
जो 'परम' की महिमा जानी है,

अहंकार-वश मूढ़ पुरुष ने,
'मैं कर्ता हूँ', यह मान लिया,
पर कर्म हैं होते त्रिगुणों से,
ये 'तत्त्व-विदों' ने जान लिया,

उत्थान-पतन इन कर्मों का,
गुणों का नित परिवर्तन है,
जो अनासक्त है कर्मों से,
वहाँ कर्त्तापन परिवर्जन है,

जिनके कर्मों का अभीष्ट,
होता बस इन्द्रिय तर्पण है,
वो बद्ध जीव भी मुक्त हुआ,
यदि कर्म 'ब्रह्म' को अर्पण है,

मेरे आदेशों, उपदेशों का,
श्रद्धापूर्वक जहाँ पालन है,
वहाँ कर्म-नियम से मुक्ति है,
ज्ञान का नित संचालन है,

जो तन, मन, बुद्धि, वाणी से,
रत मुझमें रहकर कर्म करे,
जग में रहते भी मुक्त हुआ,
जो निष्ठापूर्वक स्वधर्म करे,

'स्वधर्म ही तेरा यज्ञ पार्थ,
ये माया से देता मुक्ति है,
देवों को करता हर्षित ये,
अभीष्ट फलों की युक्ति है,

संसर्ग से इन्द्रिय-विषयों के,
सब राग-द्वेष उत्पन्न हुए,
कर वश जो इनसे पार हुआ,
साधक सिद्धि सम्पन्न हुए,

चित्त-निरोध कर अन्तर में,
हे अर्जुन! मेरा ध्यान करो,
कर कर्म सभी मुझको अर्पण,
धर शस्त्र प्रबल सन्धान करो,

संचित ज्ञान का नाश करे,
शत्रु वो 'काम' विकट होता,
होता विजयी वो जीव परम,
जो मेरे सदा निकट होता,

'देह-पाश' में मूर्छित जिसने,
'मोह-मद्य' का पान किया,
वो जाग गया 'भ्रम-निद्रा' से,
यदि मत का मेरे मान किया,

जो हृदय में उपजा काम-क्रोध,
'सन्तोष' का उपवन नष्ट हुआ,
सब 'ज्ञान' के पौधे सूख गए,
और विकट जीव का कष्ट हुआ,

ये ग्रास बनाता प्राणी को,
बिन अग्नि देह जलाता है,
है जबरन पाप कराता ये,
बिन जल के यही डुबाता है,

प्रभा छिपी सूरज की जैसे,
घन मेघों के वर्षण पर,
इस काम-क्रोध के मैल जमे,
शुद्ध ज्ञान के दर्पण पर,

ये काम-क्रोध ही हे अर्जुन!
उस तत्त्व-ज्ञान की बाधा है,
कर नष्ट इन्हें वो पार हुआ,
मन-वेग को जिसने साधा है,

स्वधर्म का पालन कर अर्जुन,
अर्पित मुझको सब काम करो,
हो लाभ की इच्छा,राज्य कोई,
तज सबको बस संग्राम करो,

इस हृदय-देश अन्तर-जग में,
इस काम-क्रोध का डेरा है,
कर इन्द्रिय वश में ज्ञानी ने
इनके निवास को घेरा है,

हैं इन्द्रिय, जड़ से श्रेष्ठ सदा,
मन, इन्द्रिय से बढ़कर है,
इस मन के आगे बुध्दि रहे,
और चेतन, बुद्धि से ऊपर है,

तुम सत्य-सनातन 'चेतन' हो,
बलवान तुम्हीं, सर्वोत्तम तुम,
इन्द्रिय, मन, बुद्धि का निरोध,
कर सकने में हो सक्षम तुम,

हे अर्जुन! तज अभिमान सभी,
स्वधर्म की महिमा गाओ तुम,
स्वीकार करो अब वीर-वृत्ति,
धर धनुष खड़े हो जाओ तुम,

हे पार्थ! तू खुद को जान परे,
इस पंचभूत, इन्द्रिय, मन से,
हो सावधान, कर द्वन्द्व प्रबल,
इस 'काम-रूप' रिपु दुर्जन से,

हे महाबाहु! है विजयी वह,
जिसने इस 'काम' को जीता है,
उस योगेश्वर का गायन है,
यह मेरी भगवद्गीता है...

अध्याय - चार

// कृष्णं वन्दे जगद् गुरुम् //

दिव्यज्ञान

यज्ञ-कर्म स्पष्टीकरण

आत्मा, परमात्मा एवं इन दोनों से सम्बन्धित दिव्यज्ञान आत्म-शुध्दि तथा मोक्ष प्रदान करने वाला है। ऐसा ज्ञान कर्म-योग का फल है। इस अध्याय में योगेश्वर श्रीकृष्ण भगवद्गीता के प्राचीन इतिहास तथा इस भौतिक जगत में बारम्बार अपने अवतरण की महत्ता तथा गुरु के पास जाने की आवश्यकता का उपदेश देते हैं।

श्रीकृष्ण अर्जुन से कहते हैं कि हृदय में स्थित अपने संशय को वैराग्य की तलवार से काट दो। दिव्यज्ञान स्वयं के आचरण से योग के सिद्धि-काल में प्राप्त होता है, प्रारम्भ में नहीं। जिसका साक्षात्कार स्वयं के हृदय में होता है। श्रद्धालु, तत्पर, संयमित तथा संशय-रहित पुरुष ही इस दिव्यज्ञान को प्राप्त कर सकते हैं।

इस अध्याय में योगेश्वर श्रीकृष्ण ने मुख्य रूप से 'यज्ञ' का स्वरूप स्पष्ट किया है और बताया है कि 'यज्ञ', जिसका परिणाम 'परमतत्त्व' तथा 'परमशान्ति' है, जिससे पूरा होता है, उसे करने (कार्य प्रणाली) का नाम ही 'कर्म' है।

इस अमर ज्ञान के प्रथम पात्र,
वह सूर्यदेव 'विवस्वान' बने,
फिर 'मनु' ने दिया 'इक्ष्वाकु' को,
अब अर्जुन तुम निमित्त महान बने,

'राज-ऋषि' और 'गुरुओं' ने,
शिष्यों को यह ज्ञान दिया,
लुप्त हुई जब गुरु-परम्परा,
तब मैंने ये गीता-गान किया,

अर्जुन ने बोला! हे केशव,
तुम सम्मुख मेरे, साथ सदा,
समझूँ कैसे सदियों पहले,
उपदेश ये तुमने कहा कदा,

धर्म-स्थापना हैतुक अर्जुन!
युग-युग मैंने अवतार लिया,
दुष्टों का नाश किया मैंने,
और भक्तों का उद्धार किया,

जब धर्म हुआ है गौण कभी,
अधर्म प्रधान हो जाता है,
तब-तब मेरा विविध रूप,
संसार के सम्मुख आता है,

अधर्म की सीमा जब टूटी,
दुष्टों का नाम मिटाता हूँ,
उन साधु-सन्त के हाथों से,
मैं 'धर्म-ध्वजा' फहराता हूँ,

प्रकृति के तीन गुणों से सम्बद्ध,
मेरी चार वर्ण की रचना है,
ब्राह्मण, क्षत्रिय, वैश्य ,शूद्र,
कर्मों से इनकी गणना है,

कर्म, अकर्म में जो देखे,
और अकर्म में कर्म देखता है,
वह कर्म-फलों से मुक्त हुआ,
नित परमानन्द में रहता है,

मैं कर्मों में ना लिप्त रहूँ,
कर्म-फल निष्काम हूँ मैं,
कर्मों का बन्धन मुक्त करूँ,
कर्मों का परिणाम हूँ मैं,

आनन्दित स्वतः लाभ में जो,
ईर्ष्या और द्वन्द्व से मुक्त रहे,
है सुख-दुःख में समभाव सदा,
वो पूर्ण ज्ञान से युक्त रहे,

राग-विराग, भय-क्रोध परे,
जो अहं रहित शरणागत है,
तप-ज्ञान से होता शोधित वो,
और मुझमें हुआ समागत है,

है विरक्त कर्म-फलों से जो,
और कर्ता का है भाव नहीं,
वो ज्ञानी 'ब्रह्म' स्वरूप हुआ,
कर्मों का वहाँ प्रभाव नहीं,

हो राग-द्वेष या हर्ष-विषाद,
नित द्वन्द्व-रहित सन्तुष्ट है जो,
कर विलीन स्वयं में कर्म सभी,
'समभाव' को करता पुष्ट है वो,

जिस भाव से मेरी स्मृति है,
फल उसी रूप में देता हूँ,
है विनिमय में समदृष्टि सदा,
ना पक्षपात मैं करता हूँ,

इन्द्रिय निग्रह की मंशा से,
'यज्ञ' सभी जो करते हैं,
पापकर्म से विमल हुए,
नित परम-धाम को बढ़ते हैं,

ये यज्ञ-आचरण 'कर्म-नियत',
ये दैवी सम्पद बलवान करे,
है असुर वृत्ति का हवन यहाँ,
ये मानव का कल्याण करे,

है 'ब्रह्म' समर्पण, हवन 'ब्रह्म',
है अग्नि 'ब्रह्म', कर्ता भी वह,
है विलय 'ब्रह्म' में कर्मों का,
और यज्ञ-कर्म धर्ता भी वह,

इन्द्रिय संयम की अग्नि जला,
जो विषयों का नित हवन करे,
स्पर्श, शब्द, रस, रूप, गन्ध,
कर भस्मसात वो दहन करे,

स्वधर्म के पालन में साधक,
मन, इन्द्रिय, देह तपाता है,
ये काम-क्रोध उन्मूलन ही,
तब 'तपोयज्ञ' कहलाता है,

'अपान' वायु की अग्नि में,
जो 'प्राण' वायु का हवन करे,
है 'प्राणायाम' परायण वह,
श्वासों पर दृष्टि गहन करे,

जो यज्ञों का अवशेष बचा,
वो 'ज्ञानामृत' कहलाता है,
जिसने इसका पान किया,
'ब्रह्मत्त्व' सहज वो पाता है,

है सदा श्रेयस्कर 'ज्ञान-यज्ञ',
जहाँ ज्ञेय 'ब्रह्म' हो जाता है,
मन का निरोध कर देता यह,
और 'आत्म-रूप' दर्शाता है,

है आत्म-ज्ञान का मार्ग कठिन,
गुरु सेवा करो, प्रयत्न करो,
हो विनीत भाव जिज्ञासा में,
सत्य को जानो, प्रश्न करो,

'गुरु' में है विश्वास जिसे,
योग-पद्धति का आदर है,
है आत्म-बोध और ब्रह्म ज्ञान,
अन्तर की उजली चादर है,

हो पर्वत कोई विकारों का,
या अनन्त पाप का सागर हो,
आभासी-जगत का भ्रम टूटा,
जब 'तत्त्व-ज्ञान' उजागर हो,

है जली ज्ञान की अग्नि जब,
सब कर्म भस्म हो जाते हैं,
फिर मिलन स्वयं से होता है,
और प्रकट मर्म हो जाते हैं,

जो माया से आवृत्त सदा,
उसे ज्ञान ना अपना किंचित है,
जिसे ब्रह्म-तत्त्व का भान हुआ,
वह परम ज्ञान से सिंचित है,

अज्ञान का सागर जग सारा,
यहाँ डूब रहे सब प्राणी हैं,
है दिव्य-ज्ञान की नाव सुगम,
तर जाते क्रोधी, कामी हैं,

वो तत्त्व-ज्ञान अति-पावन है,
जो चित्त की भ्रान्ति मिटाता है,
यहाँ आत्म-बोध का अनुभव है,
यह परम-शान्ति में लाता है,

हों भस्मसात् सब पाप पुण्य,
जब ज्ञान की अग्नि जलती है,
परम शान्ति की वायु प्रबल,
तब अन्तर में नित चलती है,

मुक्त हुआ वह पापी भी,
जो परम-तत्त्व को जाना है,
उस दिव्य-भाव के अमृत से,
निज 'स्वरूप' पहचाना है,

ज्ञान विहीन जो मानव है,
नित संशय में उसका मन है,
है मोहयुक्त जीवन उसका,
बिन प्राणों सा उसका तन है,

अज्ञानी श्रद्धा-हीन है जो,
सन्देह शास्त्र पर करते हैं,
आनन्द के अमृत से वंचित,
निस-दिन अधम को गिरते हैं,

यह 'संशय' बड़ा भयंकर है,
बुद्धि को ग्रास बनाता है,
अज्ञान से इसका उद्भव है,
प्राणी का नाश कराता है,

हे अर्जुन! लेकर 'ज्ञान-खड्ग',
'अरि-संशय' पर तीव्र प्रहार करो,
बन 'आत्म-परायण' ज्ञानी तुम,
अब 'मोह-जगत' संहार करो,

हृदय के 'संशय-शत्रु' को,
बस 'ज्ञान-शस्त्र' ने जीता है,
उस योगेश्वर का गायन है,
यह मेरी भगवद्गीता है...

अध्याय - पाँच

// कृष्णं वन्दे जगद् गुरुम् //

कर्म - सन्यास योग

कर्म-सन्यास योग

ज्ञानी-पुरुष दिव्यज्ञान की अग्नि से शुद्ध होकर बाह्य रूप से सारे कर्म करते रहते हैं किन्तु अन्तर में उन कर्मों के फल का परित्याग करते हुए शान्ति, विरक्ति, सहिष्णुता तथा आध्यात्मिक दृष्टि एवं आनन्द की प्राप्ति करते हैं।

योगेश्वर श्रीकृष्ण कहते हैं कि 'निष्काम कर्म-योग' एवं 'कर्म-सन्यास योग' दोनों ही परमकल्याण के साधन हैं, दोनों में एक ही निर्धारित यज्ञ की क्रिया की जाती है, फिर भी निष्काम कर्म-योग विशेष है, क्योंकि बिना इसे किए सन्यास (शुभ-अशुभ कर्मों का अन्त) नहीं होता। सन्यास, मार्ग नहीं बल्कि मंजिल का नाम है।

है ज्ञान-युक्त अकर्म बड़ा,
या भक्ति-मय यह कर्म सबल,
हे कृष्ण! मुझे समझाओ यह,
संकल्प मेरा है भ्रमित प्रबल,

कहते कर्मों का त्याग कभी,
कभी कर्मयोग समझाते हो,
जब तत्त्व-बोध का ध्येय एक,
क्यों मार्ग भिन्न दिखलाते हो,

हो कर्म-त्याग या कर्म-योग,
दोनों ही मार्ग से मुक्ति है,
पर कर्म-योग की राह सुगम,
ये सुलभ मोक्ष की युक्ति है,

कर्मफलों से जुड़ा नहीं,
ना इच्छा का आधार हुआ,
हे अर्जुन! नित्य सन्यासी वह,
इस भव-बन्धन से पार हुआ,

जो 'मैं', 'मेरा' से परे सदा,
निष्काम-कर्म अभ्यासी है,
है अहं रहित निर्द्वन्द्व भाव,
वो मानव नित् सन्यासी है,

जो ब्रह्म-तत्त्व में स्थित है,
आत्म-ज्ञान संतृप्त रहे,
वह इन्द्रिय-कर्म सभी करता,
पर कर्मों से निर्लिप्त रहे,

जहाँ सांख्य, वेदान्त का चिन्तन है,
पर भक्ति का आनन्द नहीं,
वो मार्ग जटिल है ऊबन भरी,
जहाँ प्रेम-राग सारंग नहीं,

'सांख्य' विधि है खोज परम की,
है 'भक्ति' विधि रम जाने की,
संसार-विरक्ति ध्येय एक का,
एक चाह इष्ट को पाने की,

जो निष्काम-भाव से कर्म करे,
इन्द्रिय-मन वश में रखता है,
वह प्रिय होता है जन जन का,
और कर्मों से ना बँधता है,

जो आसक्ति से रहित सदा,
ना कर्म फलों का कामी है,
वह पाप-कर्म से मुक्त हुआ,
है शान्त-परम, सुख-गामी है,

यह देह नगर नौं द्वारों का,
जिसमें यह प्राणी रहता है,
ना कर्म-सृजक, ना प्रेरक यह,
ना नियत फलों को करता है,

भौतिक आवास सा देह तेरा,
यह कर्म-फलों के कारण है,
जो पृथक हुआ इस नाशवान से,
तब भ्रम का हुआ निवारण है,

जैसे सूरज के उगते ही,
तिमिर पराजित होता है,
हैं छँटे मोह के धुन्ध सभी,
जब ज्ञान प्रकाशित होता है,

आसक्ति-रहित योगी मुझको,
सब कर्म समर्पित करते हैं,
जो फल-कामी अपने श्रम के,
नित भव-बन्धन में बँधते हैं,

तन-मन, इन्द्रिय-बुद्धि से,
वो बाह्य-रूप में सक्रिय है,
पर आत्म-रूप में स्थिर वो,
भीतर से रहता अक्रिय है,

है ईश्वर अक्रिय, उदासीन,
ना संयोग फलों का करते हैं,
स्वभाव में स्थित 'प्रकृति' के,
त्रिगुणों में जीव बरतते हैं,

ना पुण्य कोई वो ग्रहण करें,
ना पापों की गणना करते हैं,
वो मोह-जनित अज्ञानी हैं,
जो कर्त्ता उसको कहते हैं,

जो मन-बुद्धि, श्रद्धा-शरण,
मुझ परम में स्थिर करते हैं,
वो कल्मष से सारे शुद्ध हुए,
और 'मुक्ति' पाकर तरते हैं,

ना प्रिय को पाकर हर्षित जो,
ना अप्रिय में जो विचलित होता,
उस स्थिर-बुद्धि, मोह-रहित का,
'परब्रह्म-ज्ञान' सुफलित होता,

'स्वरूप-सिद्ध' वह व्यक्ति जो,
ना इन्द्रिय से आकर्षित है,
वह सदैव समाधि में रहकर,
नित अन्तर में आनन्दित है,

'प्राण-अपान' का साधक जो,
उद्देश्य मोक्ष का रहता है,
दृष्टि भौंहों के मध्य सदा,
मन-बुद्धि वश में रखता है,

जब ब्रह्म-परायण जीव हुआ,
और ब्रह्म-रूप हो जाता है,
तब प्राणिमात्र का भेद मिटा,
वो 'समत्व-दृष्टि' को पाता है,

'संशय' का जहाँ द्वैत नहीं,
मन परहित में बस रमता है,
परब्रह्म-निकट वह योगी ही,
मुक्ति का भागी बनता है,

मृगजल में आई बाढ़ कोई,
तो पर्वत नहीं ढहा करते,
हो उद्वेग कोई विकारों का,
पर 'योगी' नहीं बहा करते,

जो आत्म-रूप निमग्न हुआ,
वो परमानन्द की मूर्ति है,
वो देह में रहकर 'ब्रह्म' हुआ,
परब्रह्म स्वभाव अनुभूति है,

मैं परमेश्वर सब देवों का,
सब लोकों का मैं स्वामी हूँ,
हूँ भोक्ता यज्ञ-तपों का मैं,
'परब्रह्म' मैं अन्तर-यामी हूँ,

हर क्षण स्थिर जो मुझमें,
वह नित्य, कभी ना मरता है,
उस योगेश्वर का गायन है,
यह मेरी भगवद्गीता है...

अध्याय - छह

// कृष्णं वन्दे जगद् गुरुम् //

ध्यान - योग

ध्यान-योग

अष्टांग-योग मन एवं इन्द्रियों को नियन्त्रित करता है और ध्यान को परमात्मा में केन्द्रित करता है। इस विधि की परिणति 'समाधि' में होती है।

जिस पुरुष द्वारा मन सहित इन्द्रियों पर विजय प्राप्त कर ली गयी है, उसकी आत्मा उसके लिए मित्र बनकर रहती है तथा परमकल्याण प्रदान करने वाली होती है तथा जिस पुरुष की मन-इन्द्रियाँ उसके वश में नहीं हैं तो यही आत्मा शत्रु रूप में बरतती है और यातनाओं का कारण बनती है। योगी के निरुद्ध चित्त की उपमा श्रीकृष्ण ने वायु रहित स्थान में दीपक की अकम्पित लौ से दी है। और जब इस निरुद्ध चित्त का भी विलय हो जाता है तब ये योग की पराकाष्ठा होती है एवं योगी को अनन्त आनन्द की अनुभूति प्राप्त होती है। संसार के संयोग-वियोग से रहित इस अनन्त सुख का नाम ही 'ध्यान-योग' है।

हे पाण्डुपुत्र! 'सन्यास' वहीं,
है परमेश्वर से 'योग' जहाँ,
ना आसक्ति उस 'योगी' को,
ना इन्द्रिय का है भोग वहाँ,

सकाम कर्म ही 'साधन' है,
अष्टांग-योग, नव-साधक का,
और कर्म-त्याग है मार्ग सदा,
एक 'योग-सिद्ध' आराधक का,

निष्काम भाव जो अहं रहित,
वह योगी है, सन्यासी है,
वो योग का पर्वत-शिखर चढ़े,
जो कर्म-मार्ग विश्वासी है,

मन का प्रशिक्षण ऐसा हो,
जो मोह के बन्धन काट सके,
हो आकर्षण से दूर सदा,
जड़ता के गड्ढे पाट सके,

इन्द्रिय-तृप्ति में लीन है जो,
वह मन, बन्धन का कारण है,
विरक्त हुआ यदि विषयों से,
मन ही बनता भव-तारण है,

भ्रान्ति-रूप शैया पर जो,
गहन तिमिर में सोया है,
जन्म-मृत्यु के स्वप्न में डूबा,
वो नश्वर जग में खोया है,

पा आत्म-ज्ञान जब जागा वो,
सिद्ध 'ब्रह्मरूप' हो जाता है,
बन घटाकाश से महाकाश,
वो अक्षय स्वरूप को पाता है,

विकट शत्रु सा चंचल मन,
तब मित्र परम बन जाता है,
अष्टांग-योग के पालन से,
जब इसको जीता जाता है,

मन-इन्द्रिय जिसने जीत लिया,
है 'ब्रह्म' सदृश वो सृष्टि में,
फिर ज्ञान-सूर्य का अस्त नहीं,
और 'एकत्व-भाव' है दृष्टि में,

उन दृढ़ आसन अभ्यासों से,
जब चित्त स्वयं में लीन हुआ,
फिर देह के अनुभव छूट गए,
वो आत्मानन्द तल्लीन हुआ,

परम सत्य की अनुभूति बिन,
सब व्यर्थ ज्ञान की सत्ता है,
अनुभूत ज्ञान जब पूर्ण हुआ
तब वृथा संसारी विद्वत्ता है,

कलह, दम्भ के इस युग में,
जहाँ नाम का मेरे कीर्तन है,
यही सुगम-मार्ग है 'मुक्ति' का,
और यही 'मोह-निवर्तन' है,

हो मित्र-हितैषी या शत्रु-कुटिल,
मध्यस्थ, तटस्थ या ईर्ष्यालु,
एक 'योगी' है 'समदर्शी' सदा
हो पापी, कपटी या श्रद्धालु,

नित संयम का अभ्यास करे,
और मन को वश में रखता है,
वह योगी, योग में सुस्थिर,
अध्यात्म में रमता रहता है,

जैसे वायु-रहित स्थानों पर,
एक दीपक में ना कम्पन है,
सिद्ध-समाधिस्थ योगी में,
होता ना कोई विचलन है,

हैं जीव सभी मुझमें रहते,
सब जीवों में मैं रहता हूँ,
सत्य यह जिसने जान लिया,
उसे सच्चा 'योगी' कहता हूँ,

सम्बन्ध जो भूला ईश्वर से,
वह बनता दुःख का भागी है,
नित दिव्य-रूप का ध्यानी जो,
वह सिद्ध 'परम-वैरागी' है,

हे अर्जुन! मन बलवान प्रबल,
उच्छृंखल और हठीला है,
अभ्यास, विरक्ति, संयम से,
बनता यह सरल, सजीला है,

इन योगासन संकल्पों से,
काम-क्रोध का नाश करो,
हे अर्जुन! तज कर विषयों को,
तुम पुंजित ज्ञान प्रकाश करो,

जो श्रद्धापूर्वक शुरुआत करे,
पर भौतिकता में नष्ट हुआ,
वो योगी असफल भी विशेष,
जो ब्रह्म-मार्ग पथ-भ्रष्ट हुआ,

जो कल्याण-कार्य में निरत रहे,
उस योगी का है नाश नहीं,
हे अर्जुन! वो लेता पुनर्जन्म,
और करता है पुनः प्रयास यहीं,

कल्मष अपने वो शुद्ध करे,
सच्ची निष्ठा अपनाता है,
इस जन्मों के अभ्यासों से,
वह परम-प्रतिष्ठा पाता है,

अपूर्ण साधना पूर्व-जन्म की,
साधक को स्वतः जगाती है,
चेतन से होता संसर्ग पुनः,
पर-ब्रह्म की राह दिखाती है,

जन्मों का पुण्य एकत्रित हो,
यह मोह के द्वन्द्व मिटाता है,
कर शुद्ध ये दैवी चेतन को,
उस परम-धाम पहुँचाता है,

हे अर्जुन! योगी सदृश बनो,
अविचल होकर बस कर्म करो,
चित्त में ईश्वर का ध्यान रहे,
रख संयम, पालन धर्म करो,

समस्त योगियों में योगी,
जो मुझमें परम परायण है,
नित अन्तरंग मेरे रहता,
वह अंश-रूप 'नारायण' है,

ऐसे ही योगी तपसी ने,
हृदय को मेरे जीता है,
उस योगेश्वर का गायन है,
यह मेरी भगवद्गीता है...

अध्याय - सात

// कृष्णं वन्दे जगद् गुरुम् //

भगवद्ज्ञान

समग्र जानकारी

योगेश्वर श्रीकृष्ण समस्त कर्म के कारण एवं परम सत्य हैं, महात्मागण भक्ति-पूर्वक उनकी शरण ग्रहण करते हैं। किन्तु अपवित्र जन पूजा के अन्य विषयों की ओर अपने मन को मोड़ देते हैं।

इस अध्याय में योगेश्वर श्रीकृष्ण ने बताया कि 'अनन्य भाव से मुझमें समर्पित होकर, मेरे आश्रित होकर जो योग में लगता है वह समग्र रूप से मुझे जानता है। मुझे जानने के लिए हजारों में से कोई विरला ही प्रयत्न करता है और प्रयत्न करने वालों में विरला ही कोई मुझे जान पाता है। वह मुझे पिंड रूप में एकदेशीय नहीं वरन सर्वत्र व्याप्त देखता है। आठ भेदों वाली मेरी जड़ प्रकृति और इसके अन्तराल में जीव रूपी मेरी चेतन प्रकृति है। इन दोनों के संयोग से पूरा जगत खड़ा है। मैं तीनों गुणों से अतीत एवं परम भाव में स्थित हूँ किन्तु भोगासक्त मूढ़ पुरुष सीधे मुझे ना भजकर अन्य देवताओं की उपासना करते हैं, और मैं उनकी श्रद्धा उसी देव में पुष्ट कर देता हूँ।'

हे अर्जुन! जो डूबा मुझमें,
और करता 'नवधा-भक्ति' है,
वह सत्-गुण में स्थिर होता,
रज, तम, से पाता मुक्ति है,

है ब्रह्म-तत्त्व का बोध जहाँ,
सन्देह-मुक्त है 'ज्ञान' वही,
ज्ञान को पाने की विधि जो,
है कहलाता 'विज्ञान' वही,

जो भाव से मेरे पूर्ण हुआ,
मन को मुझमें आसक्त करे,
वो योग-सोपान है चढ़ता नित,
खुद को संशय से मुक्त करे,

लाख मनुष्यों में एक कोई,
सिद्धि के पथ पर चलता है,
उन सिद्धों में कोई विरला,
मुझ परम में आकर मिलता है,

मेरा तत्त्व-रूप है परे सदा,
कुण्ठित इन्द्रिय, बुद्धि, मन के,
पर स्वतः प्रकाशित होता मैं,
भक्तों का अनुचर बन के,

जिस प्रकृति से सृष्टि व्यक्त हुई,
'अव्यक्त' मैं उसका कारण हूँ,
हो मणि पिरोए डोरी जैसे,
इस जगत को करता धारण हूँ,

पृथ्वी, जल, अग्नि, वायु, गगन,
अहंकार, बुद्धि और चंचल मन,
यह आठ हैं अपरा प्रकृति मेरी,
प्रत्यक्ष, दृश्य और अनुभव-गम्य,

ये जीव, परा प्रकृति मेरी,
अपरा को नियन्त्रित करता है,
यह चेतन है, अनुभव से परे,
संसार को धारित रखता है,

मेरी इन दोनों शक्ति से,
प्राणी-जगत का उद्गम है,
है प्रलय छिपा भीतर मेरे,
मुझसे ही सृष्टि-निर्गम है,

संसार है मोहित त्रिगुणों से,
सत, रज, तम में उलझा है,
मुझ गुणातीत, अविनाशी को,
बस शरणागत ने समझा है,

जो काम-क्रोध के अरण्य काट,
विषयों का पर्वत पार किया,
धर साधु-संगति, सत्कर्म-मार्ग,
उसने अपना उद्धार किया,

जो परम-मनस्वी, शुद्ध-भक्त,
वे अतिप्रिय मुझको लगते हैं,
आर्त, जिज्ञासु, अर्थार्थी, ज्ञानी,
नित मेरी सेवा करते हैं,

जीवों से लेकर देवों तक,
हर हृदय में मैं ही रहता हूँ,
जिसकी श्रद्धा जिस रूप में है,
बस उसी में स्थिर करता हूँ,

जो देवों की पूजा करते हैं,
वे क्षणिक फलों को पाते हैं,
जिस देव का करते पूजन हैं,
उस 'देव-लोक' को जाते हैं,

हैं बुद्धिमान वे व्यक्ति सब,
जो शरण में मेरी आते हैं,
जन्म, मृत्यु और रोग, जरा,
इन सब से मुक्ति पाते हैं,

हों जन्मों के जब पुण्य उदित,
और पाप उच्छेदित होता है,
तब इच्छा-घृणा के द्वन्द्व जनित,
यह 'मोह' पराजित होता है,

है राग-द्वेष का द्वन्द्व जहाँ,
वहाँ विषयों का भ्रम-जाल रहे,
जहाँ ब्रह्म-तत्त्व की ज्योति है,
वहाँ ना माया, ना काल रहे,

जन्म-मरण से रहित सदा,
मैं अज हूँ, मैं अविनाशी हूँ,
हूँ प्रकट, तो अन्तर्धान कभी,
बस लीला का अभिलाषी हूँ,

ज्ञान के बल से जिसने भी,
'अधियज्ञ' मुझे ही जाना है,
वो मृत्यु-भय से मुक्त हुआ,
उसे परम-धाम ही आना है,

सात्त्विक, राजस और तमस का,
आश्रय, आधार, प्रकाशक मैं,
हूँ प्रभव-प्रलय मैं सृष्टि का,
कभी पालक, कभी विनाशक मैं,

'अधिभूत' भी मैं, 'अधिदैव' भी मैं,
जो मेरे स्वरूप का ज्ञाता है,
वो स्थूल-सूक्ष्म के विचलन से,
ना अन्त-समय घबराता है,

तेजस्वी का 'तेज' हूँ मैं,
ज्ञानी जन की 'बुद्धि' हूँ,
मानव का 'सामर्थ्य' हूँ मैं,
मैं योगीजन की 'सिद्धि' हूँ,

मैं समस्त रहस्यों का स्वामी,
सब देवों का संचालक हूँ,
हैं काल ये तीनों मुट्ठी में,
मैं सकल सृष्टि का पालक हूँ,

शशि का प्रकाश भी मैं ही हूँ,
दिनकर का ताप भी मैं ही हूँ,
तपसी के तप में छिपा हुआ,
मन्त्रों का जाप भी मैं ही हूँ,

मैं आद्य सुगन्ध हूँ पृथ्वी की,
जल का स्वाद भी मैं ही हूँ,
है अनल की ऊष्मा मुझसे ही,
वह 'अनहद-नाद' भी मैं ही हूँ,

हूँ 'ओंकार' मैं वेदों का,
मैं मानव की मानवता हूँ,
धर्म, अर्थ और काम भी मैं,
मैं अहंभाव, पौरुषता हूँ,

हे अर्जुन! मुझसे ही होती,
संसार की सारी सत्ता है,
उस योगेश्वर का गायन है,

अध्याय - आठ

// कृष्णं वन्दे जगद्‌ गुरुम्‌ //

भगवद्‌-प्राप्ति

अक्षर-ब्रह्मयोग

भक्तिपूर्वक योगेश्वर श्रीकृष्ण का आजीवन स्मरण करते रहने से और विशेषतया मृत्यु के समय ऐसा करने से मनुष्य 'परमधाम' को प्राप्त कर सकता है। किन्तु भगवद्-स्मरण में जब कोई निरन्तर प्रवृत्त होने का प्रयास करता है तब उसी समय माया-जनित प्रवृत्तियाँ प्रत्यक्ष-अप्रत्यक्ष रूप से बाधा उत्पन्न करने लगती हैं। काम, क्रोध, राग, द्वेष ये दुर्जेय शत्रु हैं। यह शत्रु श्रीकृष्ण का स्मरण करने ही नहीं देते। उनसे पार पा जाना ही 'परम-युद्ध' है। इन शत्रुओं के मिट जाने पर ही व्यक्ति परमगति को प्राप्त कर सकता है।

नाम और जाप, स्मरण एवं आराधना की कुंजी हैं। इसीलिए श्रीकृष्ण कहते हैं कि 'हे अर्जुन! निरन्तर मेरा स्मरण कर और युद्ध के लिए तैयार हो जा।'

हे केशव! हैं यह 'ब्रह्म' कौन,
'आत्म-तत्त्व' का मर्म है क्या,
'अधिभूत' किसे हम कहते हैं,
'अधिदैव' का होता अर्थ है क्या,

जो नाश, क्षरण से रहित सदा,
हे पार्थ! ब्रह्म का भाव वही।
ये आत्मा, ब्रह्म की अभिव्यक्ति,
जीवों का नित्य स्वभाव यही।

उस सूक्ष्म, शून्य, अविनाशी में,
हर जीव का होता संगम है,
जब स्वयं में स्थिर भाव हुआ,
'अध्यात्म' का होता उद्गम है,

परम-अणु से सूक्ष्म है जो,
नभ से भी रहा पुरातन है,
है विश्व-रूप का स्रष्टा वह,
वही आदि-अन्त, सनातन है,

अधिभूत है ये भौतिक प्रकृति,
जो प्रति-पल परिवर्तित होती है,
है सृजन कहीं, तो विलय कहीं,
नित घटती, परिवर्धित होती है,

जब पंचभूत सब एक हुए,
अधिभूत प्रकट हो जाता है,
जब देह को मिथ्या जान लिया,
जीव 'ब्रह्म-लीन' कहलाता है,

अन्तकाल जो भाव जीव का,
गति वैसी वह पाता है,
है मेरे प्रेम से भावित जो,
वह मेरे धाम को आता है,

रख चित्त-प्राण को भृकुटि में,
जो आत्म-रूप तल्लीन हुआ,
मुझ 'ब्रह्म' परम अविनाशी में,
वो आकर स्वतः विलीन हुआ,

ब्रह्मचर्य का पालन करता,
हर 'मुनि', 'सन्यासी', 'ज्ञाता' है,
उस 'परम-पुरुष' का ध्यान जिसे,
वह दिव्य-लोक को जाता है,

जिसे देश-काल का भान नहीं,
बस मेरा चिन्तन करता है,
हे अर्जुन! वह मेरा शुद्ध भक्त,
नित्य मेरे धाम में रहता है,

बन्द इन्द्रिय के द्वार सभी,
मन, हृदय में जब रम जाता है,
कर प्राण-वायु सिर में स्थिर,
वह दिव्य-समाधि पाता है,

जो मुझे प्राप्त भक्ति-योगी,
वह मुझमें ही मिल जाते हैं,
जन्म-मरण का चक्र ये छूटे,
लौट के फिर ना आते हैं,

जो देह में रहकर ब्रह्म हुए,
'विदेही' वह कहलाते हैं,
संसार मोह से मुक्त हुए,
ना देही बन फिर आते हैं,

सृष्टि की है आयु सीमित,
कल्पों का फेरा चलता है,
चतुर्युगों का चक्र सहस्र,
एक दिन 'ब्रह्मा' का बनता है,

जब जब ब्रह्मा का दिन आये,
सब जीव प्रकट हो जाते हैं,
जब दिन बीता और रात हुई,
सब मुझमें फिर मिल जाते हैं

गोलोक वह 'वृन्दावन' मेरा,
परम-धाम कहलाता है,
हैं कल्प-तरु, सुरभि गौएँ,
जीव प्रेम-सुधा रस पाता है,

संसार, भोग से विमुख हुए,
जो सम्मुख मेरे हो जाते हैं,
वो अनावृत्त ज्ञानी मानव,
मुझ परम में मुक्ति पाते हैं,

शुक्लपक्ष के शुभ क्षण में,
जब सूर्य उत्तरायण होते हैं,
तब देह-त्याग करते ज्ञानी,
और ब्रह्म परायण होते हैं,

जन्मों का बन्धन हुआ प्रबल,
ब्रह्मत्व का जो अभिमान हुआ,
वो मुक्त हुआ जग-माया से,
जो मुझमें ही अन्तर्धान हुआ,

रत ब्रह्म-भाव के अमृत में,
जो योगी स्थिर रहता है,
उसे धाम है मेरा स्वतः सुगम,
ना जनम-मरण फिर होता है,

हो यज्ञ, दान या व्रत कोई,
हो तीरथ या फिर तप कोई,
हैं नाशवान सब फल इनके,
हो वेद-ज्ञान या जप कोई,

जो ऐहिक भोगों से दूर हुआ,
और आश्रय मुझे बनाता है,
वह भक्त भ्रमों से मुक्त हुआ,
और परम धाम को पाता है,

है मेरे प्रेम में मधुमय जो,
उसे लोक ना कोई भाता है,
नित्य-निरन्तर अविचल वह,
बस रूप मेरा बन जाता है,

सब काल-देश में फैला मैं,
सम्पूर्ण क्रियाओं में मैं हूँ,
प्राणी हों या वस्तु-जगत,
सम्पूर्ण दिशाओं में मैं हूँ,

बादल, बूँदें, ओस, नदी,
वन, बाग, तड़ागों में मैं हूँ,
अनन्य-भक्ति से दृश्य सदा,
रवि-चन्द्र, हवाओं में मैं हूँ,

मैं सर्वज्ञ, पुरातन, नियन्ता,
अचिन्त्य, नित्य, निरन्तर हूँ,
भौतिक प्रकृति से परे सदा,
मैं लघुतम से भी लघुतर हूँ,

हे अर्जुन! है वह नित्य सुखी,
जो मुझमें जीवन जीता है,
उस योगेश्वर का गायन है,
यह मेरी भगवद्गीता है...

अध्याय - नौ

// कृष्णं वन्दे जगद् गुरुम् //

परम गुह्य - ज्ञान

राजविद्या-जागृति

योगेश्वर श्रीकृष्ण परमेश्वर हैं एवं पूज्य हैं। भक्ति के माध्यम से जीव उनसे शाश्वत सम्बद्ध है। शुद्ध भक्ति को जाग्रत करके मनुष्य श्रीकृष्ण के परमधाम को वापस जाता है।

श्रीकृष्ण कहते हैं कि 'दुनिया में सब प्राणी मेरे ही हैं, किन्तु किसी भी प्राणी से ना मुझे प्रेम है ना द्वेष। मैं तटस्थ हूँ, किन्तु जो मेरा अनन्य भक्त है मैं उसमें हूँ और वह मुझमें है। जो लोग अन्य देवताओं की पूजा करते हैं, वह भी अप्रत्यक्ष रूप से मेरी ही पूजा करते हैं। मैं ही सम्पूर्ण यज्ञों का भोक्ता हूँ। कल्प के आदि में मैं भूतों को विशेष प्रकार से रचता हूँ, सजाता हूँ, और कल्प के पूर्तिकाल में सम्पूर्ण भूत मेरी प्रकृति के अव्यक्त भाव को प्राप्त हो जाते हैं। जो अनन्य श्रद्धा भक्ति से मुझे भजता है, जिसका निश्चय स्थिर है, वह शीघ्र ही मुझसे संयुक्त होकर परमशान्ति को प्राप्त करता है।'

परम गुह्य जो ज्ञान है अर्जुन,
मैं अब तुझको बतलाता हूँ,
क्लेशों से सारे मुक्त करे,
वह राह तुम्हें दिखलाता हूँ,

यह ज्ञान, विद्याओं का राजा,
यह दिव्य, सनातन दर्शन है,
अनुभूति है इसमें चेतन की,
अविनाशी का आकर्षण है,

भक्ति में श्रद्धा जिसे नहीं,
वो पुरुष मुझे ना पाते हैं,
जन्म-मृत्यु के पथ में उलझे,
इस जगत में आते-जाते हैं,

ये जग, अव्यक्त रूप मेरा,
जल भी मैं, हूँ गागर भी,
प्रेम के अंजन से देखो,
मैं भीतर भी, मैं बाहर भी,

धारक-पालक मैं सृष्टि का,
कभी सृजक, कभी संहारक हूँ,
पर रहता हूँ इससे पृथक सदा,
मैं कारण हूँ , मैं कारक हूँ,

है वायु प्रबल नभ में जैसे,
सब जीव मुझी में बसते हैं,
सूर्य-चन्द्र, ग्रह, तारा-मण्डल,
गतिशील मुझी में रहते हैं,

हैं भूत सभी स्थित मुझमें,
पर निर्लिप्त मैं इनसे रहता हूँ,
है मुझमें ही ये व्याप्त जगत,
'अव्यक्त' स्वरूप मैं रखता हूँ,

मैं निमित्तमात्र हूँ सृष्टि का,
विश्व का उद्गम कारण हूँ,
माया की लीला करता मैं,
और रूप को करता धारण हूँ,

कल्प का हो जब विलयकाल,
मुझमें ही सृष्टि समाती है,
नव-कल्प में मेरी शक्ति पुनः
इसे रचती और सजाती है,

अष्टधा प्रकृति, गुण-चेतन से,
इस सृष्टि का हुआ प्रवर्तन है,
है क्षुद्र कल्प इस प्रकृति का,
जहाँ काल-चक्र परिवर्तन है,

हूँ मुक्त जगत के द्वन्द्वों से,
मैं उदासीन सा रहता हूँ,
हूँ परिणामों में स्थित मैं,
मैं कर्मों से ना बँधता हूँ,

सम्पूर्ण जगत का धाता मैं,
मैं पिता हूँ, मैं ही माता हूँ,
हूँ चार वेद का ज्ञान भी मैं,
और मैं ही उनका ज्ञाता हूँ,

हूँ स्वतः सिद्ध, अद्वैत हूँ मैं,
मैं ही सृजक, विनाशी हूँ,
ना कर्ण-नेत्र, ना वर्ण-गोत्र,
मैं गुणातीत अविनाशी हूँ,

मैं भव-रोग मिटाने की औषधि,
हूँ 'स्वधा' भी मैं, हूँ 'हवि' भी मैं,
चित्त का निरोध मुझमें होता,
नभ-चन्द्र भी मैं, हूँ रवि भी मैं,

मैं परम निदेशक सृष्टि का,
पर पृथक स्वयं को रखता हूँ,
माया, प्रकृति और चेतन से,
इस जगत की रचना करता हूँ,

हूँ आदि मैं सारे यज्ञों का,
यजन का होता अन्त भी मैं,
हूँ देव, पितर और भूतों में,
सर्वत्र, अखण्ड, अनन्त हूँ मैं,

मैं ही जीवों का परम लक्ष्य,
हैं तीरथ और सब धाम यहीं,
इस सृष्टि का उद्गम मैं ही हूँ,
और प्रलय का है विश्राम यहीं,

खान-पान, तप, हवन-दान,
जो मुझको अर्पित करता है,
मन-देह तपाता मुझमें जो,
'ब्रह्मत्व' को अर्जित करता है,

जो सजे-सँवरते भक्ति में,
मगन हैं कीर्तन-नर्तन में,
वो यम-दम को निस्तेज करें,
हैं 'अभय' काल के गर्जन में,

जिसकी श्रद्धा जहाँ टिकी,
उस इष्ट-लोक को जाता है,
जो भक्त समर्पित मुझमें है,
वह मेरे लोक को आता है,

हो सज्जन या दुर्जन कोई,
सम-दृष्टि सदा मैं रखता हूँ,
संकल्प अडिग जिसका मुझमें,
उद्धार मैं उसका करता हूँ,

एक दुर्जन भी है सन्त बना,
जब हृदय में मैं बस जाता हूँ,
भय क्षणिक देह का दूर हुआ,
जब श्वासों में रम जाता हूँ,

मृत्यु का सत्य भी मैं ही हूँ,
रहता अमरत्व में मैं ही हूँ,
ऋक, साम, यजुः से वेदों का,
वह 'सार-तत्त्व' भी मैं ही हूँ,

मैं सूर्य रूप में तपता हूँ,
सागर बनकर लहराता हूँ,
बारिश की बूँदें मैं ही हूँ,
बादल बनकर मँडराता हूँ,

मैं ही अग्नि की शुचि-ज्वाला,
मैं ही यज्ञों का अर्पण हूँ,
हूँ दिव्य-ध्वनि मैं मन्त्रों की,
मैं ही पितरों का तर्पण हूँ,

हर उस देव की शक्ति में,
जिसमें मानव की श्रद्धा है,
पीपल, पत्थर, भूत, भवानी,
ये सब मेरी ही सत्ता है,

हे पार्थ! मैं तेरे संग सदा,
तू मेरा मित्र प्रणीता है,
उस योगेश्वर का गायन है,
यह मेरी भगवद्गीता है...

अध्याय - दस

// कृष्णं वन्दे जगद्‌ गुरुम्‌ //

श्रीभगवान्‌ का ऐश्वर्य

विभूति वर्णन

बल, सौन्दर्य, ऐश्वर्य या उत्कृष्टता प्रदर्शित करने वाली समस्त अद्भुत घटनाएँ, चाहे वह इस लोक में हों या फिर आध्यात्मिक जगत में, श्रीकृष्ण की दैवी शक्तियों तथा ऐश्वर्यों की आंशिक अभिव्यक्तियाँ मात्र हैं। समस्त कर्म के कारण-स्वरूप एवं सर्वस्वरूप श्रीकृष्ण समस्त जीवों के परम आराध्य हैं।

श्रीकृष्ण कहते हैं कि ''हे अर्जुन! मैं ही सब की उत्पत्ति का कारण हूँ, ऐसा जो श्रद्धा से जान लेते हैं, वह अनन्य भाव से मेरा चिन्तन करते हैं और निरन्तर मुझमें मन, बुद्धि और प्राणों से लगने वाले होते हैं। ऐसे पुरुषों को मैं योग में प्रवेश करने वाली बुद्धि प्रदान करता हूँ एवं उनकी आत्मा में जाग्रत होकर खड़ा हो जाता हूँ। और उनके हृदय से अज्ञान का अन्धकार ज्ञान रूपी दीपक जलाकर नष्ट कर देता हूँ।''

इस अध्याय में श्रीकृष्ण ने अपनी विभूतियों की मात्र बौद्धिक जानकारी दी। जिससे अर्जुन की श्रद्धा सब ओर से सिमटकर एक इष्ट में लग जाये।

हे अर्जुन! मेरे सखा सुनो,
तू मेरा प्रिय सहगामी है,
वह राह तुझे दिखलाता हूँ,
जो सदा तेरा हितकामी है,

ग्यारह 'रुद्र', बारह 'आदित्य',
या 'ब्रह्मा' जो सृष्टि सजाते हैं,
'वसु' अष्ट हों या फिर 'देवराज',
सब जन्म मुझी से पाते हैं,

हो बुद्धि, ज्ञान या क्षमा, दान,
मुझसे सुख-दुख, तप, तुष्टि है,
है जन्म-मृत्यु का उद्गम मुझमें,
संशय और मोह से मुक्ति है,

प्रभव ना मेरा जान सकें,
हों महा-ऋषि या देवतागण,
मैं तीन लोक का स्वामी हूँ,
सकल सृष्टि का हूँ कारण,

मुझे 'नेति-नेति' सब वेद कहें,
'चतुरानन' वाणी बन्द हुई,
हों योगी, तपसी, ब्रह्म-ऋषि,
मन-प्राण की गतियाँ मन्द हुई,

जो सदा समर्पित मुझमें है,
और प्रेम की राह पे चलता है,
उस हृदय में होता वास मेरा,
वहाँ ज्ञान का दीपक जलता है,

'सप्तऋषि' और 'चार-महर्षि',
ये मन से मेरे उत्पन्न हुए,
मनु सारे और लोक सभी,
सब मुझसे ही सम्पन्न हुए,

अर्जुन ने बोला हे केशव!
हो देवों के भी देव तुम्हीं,
तुम ही सृष्टि के पालक हो,
मुझे किंचित भी सन्देह नहीं,

हे केशव! तुम ही सत्य परम,
तुम नित्य, दिव्य, अतिपावन हो,
गाते नारद, व्यास, असित, देवल,
तुम आदि, अन्त, सनातन हो,

हे मायापति! हे योगेश्वर!
किस तरह मैं तेरा ध्यान करूँ,
है कौन सी विधि तुम्हें पाने की,
कैसे मैं तुझको जान सकूँ,

हे अर्जुन! मेरे ऐश्वर्य असीम,
मैं वैभव अपना बतलाता हूँ,
हर हृदय में होता वास मेरा,
मैं 'परमेश्वर' कहलाता हूँ,

यह सूर्य तेजस्वी नेत्र मेरा,
मैं 'विष्णु' हूँ आदित्यों में,
नक्षत्रों में चन्द्र-सुधाकर हूँ,
मरीचि हूँ मैं इन मरुतों में,

मैं 'सामवेद' सब वेदों में,
देवों में राजा इन्द्र हूँ मैं,
'मन' रूप है मेरा इन्द्रिय में,
'चेतन' शक्ति का केन्द्र हूँ मैं,

'कपिल' मुनि मैं सिद्धों में,
देव-ऋषियों में मैं 'नारद' हूँ,
हूँ अचलों में 'हिमालय' मैं,
गजराजों में 'ऐरावत' हूँ,

ऋषियों में मैं 'भृगु-मुनि',
वाणी में 'ओंकार' हूँ मैं,
स्रष्टाओं में मैं 'ब्रह्मा' हूँ,
अक्षर में 'अकार' हूँ मैं,

है यक्षों में 'कुबेर' रूप,
मैं मेरु रूप में 'महीधर' हूँ,
हूँ अष्ट-वसु में 'अग्नि' मैं,
मैं रुद्रों में 'शिव-शंकर' हूँ,

तेजस्वी के 'तेज' में हूँ,
द्यूत-क्रीड़ा का 'छल' हूँ मैं,
मैं विजय हूँ, मैं ही साहस हूँ,
बलवानों का 'बल' हूँ मैं,

ब्रह्मा, विष्णु, शिव भी मैं,
कारण जल, वायु, वृष्टि का,
विश्रान्ति महाभूतों का मैं,
आधार हूँ सारी सृष्टि का,

पुरुष तत्त्व मैं इस जग का,
हूँ सूक्ष्म कहीं, स्थूल में हूँ,
त्रिकाल नियन्ता जीवों का
मैं सकल चराचर मूल में हूँ,

हे अर्जुन! सारी सृष्टि का,
आदि, मध्य और अन्त हूँ मैं,
मैं माहों में हूँ 'मार्गशीर्ष',
ऋतुओं में रुत 'वसन्त' हूँ मैं,

जलचर का देवता 'वरुण' भी मैं,
और भूचर का सरताज भी मैं,
मैं काल हूँ सारे जीवों का,
यमदूत भी मैं, 'यमराज' भी मैं,

है रसों में 'अमृत' रूप मेरा,
'पारस' पत्थर कहलाता हूँ,
हैं क्षणिक तरंगें देव सभी,
मैं सागर सा लहराता हूँ,

मैं आदि-पीठ सब ज्ञानों का,
हूँ दर्शन का सिद्धान्त भी मैं,
मैं श्रेष्ठ पुरोहित बृहस्पति,
हूँ वेद भी मैं, वेदान्त भी मैं,

मैं प्राणी के भीतर का चेतन,
उत्पत्ति, स्थिति, लय भी मैं,
मैं ही जीवन की अभिलाषा,
और मृत्यु का होता भय भी मैं,

मैं ही हूँ 'श्रीराम' धनुर्धर,
नदियों में मैं 'गंगा' हूँ,
वनराज 'सिंह' हूँ पशुओं में,
नागों में 'शेष' भुजंगा हूँ,

तर्कों का मैं 'सत्य' परम ,
चार वेद, हर ग्रन्थ हूँ मैं,
'नरपति' हूँ मैं मानव में,
यज्ञों में जप-मन्त्र हूँ मैं,

हूँ सेनापति में कार्तिकेय,
शस्त्रों में वज्र उजागर हूँ,
हूँ गन्धर्वों में 'चित्ररथ',
मैं तालों में 'रत्नाकर' हूँ,

मैं ही तो 'गौरी-महेश',
मैं ही 'ब्रह्मा-सावित्री' हूँ,
मुनियों में हूँ 'व्यास' मुनि,
मैं छन्दों में 'गायत्री' हूँ,

विजय की नीति में मैं ही हूँ,
दमन की मैं ही शक्ति हूँ,
भावों का रक्षक 'मौन' हूँ मैं,
ज्ञान की मैं अभिव्यक्ति हूँ,

सारे भूतों का जनक भी मैं,
मैं ही उनका संहारक हूँ,
मैं स्मृति, बुद्धि, धृति, क्षमा,
मैं दण्ड-न्याय का धारक हूँ,

हूँ निहित भाव में गीतों का,
मैं श्लेष, यमक, अनुप्रासों में,
हूँ काव्य की रोचकता भी मैं,
मैं ही तो द्वन्द्व समासों में,

ग्रसने वाला काल भी मैं,
मैं वाद हूँ हर विवादों में,
सृष्टि की तीन अवस्था मैं,
मैं विधि, नियम, अपवादों में,

पूर्ण पुरुष का सत्य हूँ मैं,
व्यापक और अनन्त हूँ मैं,
मैं चन्द्रवंश में 'पांडव' हूँ,
और यादव में 'श्रीमन्त' हूँ मैं,

साधारण हूँ, विशेष भी मैं,
राग भी मैं, हूँ द्वेष भी मैं,
सारे भूतों का जनक हूँ मैं,
शुक, नारद, शारद, शेष भी मैं,

हे अर्जुन! ये तो संकेत मात्र,
वैभव का मेरे अन्त नहीं,
सकल चराचर जीव कोई,
है मेरे बिन जीवन्त नहीं,

ये तो मेरा है अंश-मात्र,
जो जगत का धारण-कर्ता है,
उस योगेश्वर का गायन है,
यह मेरी भगवद्गीता है...

Sonali Bagad

अध्याय - ग्यारह

// कृष्णं वन्दे जगद् गुरुम् //

विराट - रूप

विश्व-रूप दर्शन योग

भगवान् श्रीकृष्ण अर्जुन को दिव्य दृष्टि प्रदान करते हैं और 'विश्व-रूप' में अपना अद्भुत एवं असीम-अनन्त रूप प्रकट करते हैं। इस प्रकार वह अपनी दिव्यता स्थापित करते हैं। श्रीकृष्ण बताते हैं कि उनका सर्व आकर्षक मानव रूप ही ईश्वर का आदि रूप है। मनुष्य शुद्ध भक्ति के द्वारा ही इस रूप का दर्शन कर सकता है।

श्रीकृष्ण कहते हैं कि 'जो मेरा अनन्य भक्त है एवं निरन्तर मेरा स्मरण-चिन्तन करने वाला है, उसकी अनन्य भक्ति के द्वारा मैं प्रत्यक्ष देखने को (जैसा अर्जुन ने देखा), तत्त्व से जानने को और प्रवेश करने को भी सुलभ हूँ। भक्ति का परिमार्जित रूप है 'अनुराग', इष्ट के अनुरूप लगाव। अनुराग-विहीन पुरुष न कभी मुझे पाया है और ना पा सकेगा। अनुराग नहीं है तो कोई लाख योग करे, जप करे, तप करे, दान करे, वह मुझ परम तक नहीं पहुँच पाता। अतः इष्ट के अनुरूप राग और अनन्य भक्ति नितान्त आवश्यक है।'

हे केशव! हे कमल नयन!
ये ज्ञान के स्वर जो फूटे हैं,
'अक्षय' की मैंने महिमा जानी,
भ्रम-मोह के बन्धन टूटे हैं,

तुम 'मत्स्य', 'कूर्म', कभी 'राम' बने,
धर वेश जगत में आते हो,
अवतारों की लीला खत्म हुई,
फिर लीन कहाँ हो जाते हो,

वह रूप कौन सा हे केशव!
जिसे सनकादिक भी गाते हैं,
जो उपनिषदों के मूल में है,
जिसे योगीजन ध्यान लगाते हैं,

सामर्थ्य ना जानूँ अपना पर,
हिय व्याकुल होता जाता है,
वह रूप दिखा दो योगेश्वर,
जो 'विश्व-रूप' कहलाता है,

हे पार्थ! जो मेरी आँख खुली,
सब देवों का विस्तार हुआ,
जब पलकें मेरी बन्द हुईं,
मुझमें विलीन संसार हुआ,

जो मिली क्रोध में भौंहें मेरी,
तब 'रुद्र' के ग्यारह रूप बने,
सौम्य भाव की शीतलता से,
वो 'अश्व-देव' अतिरूप बने,

हैं 'भूत' प्रकट जिस माया से,
उसका भी आधार हूँ मैं,
मैं तीन गुणों का उद्गम हूँ,
प्रकृति का विस्तार हूँ मैं,

हे पार्थ! सम्भालो दिव्य दृष्टि,
अब सत्य परम बतलाता हूँ,
जो शेष, महेश को भी दुर्लभ,
वह 'विश्व-रूप' दिखलाता हूँ,

सत-असत था जो भी सृष्टि में,
पल भर में सारा नष्ट हुआ,
सकल चराचर लुप्त हुए,
जब 'विश्व-रूप' स्पष्ट हुआ,

कोटिक सूर्यों का तेज यहाँ,
अनन्त भुजाएँ दिखती हैं,
प्रलय-अग्नि के महाकुण्ड सी,
ज्वालाएँ मुख से उठती हैं,

किधर गया वह नभ विशाल,
है हुआ लुप्त पाताल कहाँ,
किधर गयी वह माया सारी,
हैं ना जाने दिक्-काल कहाँ,

असंख्य नेत्र, हैं मुख असंख्य,
असंख्य दृश्य यहाँ दिखते हैं,
आभूषण दैवी, शस्त्र विविध,
ब्रह्मांड असंख्य विचरते हैं,

ग्रह-लोक सभी हैं घूम रहे,
सब देव यहीं दिख जाते हैं,
मुख महाप्रखर है चमक रहा,
कोटिक दिनकर घबराते हैं,

कहीं ब्रह्मा हैं आसीन कमल,
कैलाश सहित शिव-शंकर हैं,
हैं गर्भोदय-शायी विष्णु भी,
कहीं दिखते शेष भयंकर हैं,

हे केशव! तुम ही ज्ञेय परम,
यह वेद तुम्हें ही गाते हैं,
ये मुकुट, गदाएँ, चक्र सभी,
अलौकिक रूप सजाते हैं,

नभ, थल, सभी दिशाओं में,
कम्पन और भूचाल दिखे,
वो स्वर्ग तुम्हीं में व्याप्त हुआ,
पद के नीचे पाताल दिखे,

आकाश की सारी गंगाएँ,
मुख में तेरे दिखती हैं,
पवन सभी ये त्रिभुवन की,
तेरे भीतर ही बहती हैं,

तुझमें जग का विस्तार दिखे,
मेघों की माला दिखती हैं,
है जलधि छुपा भीतर तेरे,
ये नदियाँ तुझमें बहती हैं,

हो स्वर्ग-नरक, धरती-अम्बर,
यह क्षितिज तुम्हीं में व्याप्त हुआ,
हो काल-चक्र या दसों दिशाएँ,
तुझमें ही शुरू, समाप्त हुआ,

हो आदि, मध्य या अन्त रहित,
कोई तुमसे पार न पाता है,
वह देवलोक भयभीत खड़ा,
कर स्तुति तुम्हें मनाता है,

प्रलय-अग्नि मुख पर तेरे,
विकराल रूप दिखलाते हो,
हों कौरव या हों भीष्म, द्रोण,
बन काल निगलते जाते हो,

है काल स्वयं भी थर्राता,
भय-त्रास से वो घबराता है,
इस कुरुक्षेत्र का हर सैनिक,
बन ग्रास तेरा खो जाता है,

देख तेरा यह उग्र रूप,
हे भगवन्! मैं घबराता हूँ,
मुख फैलाये, दन्त विशाल,
मैं भय से पार न पाता हूँ,

केशव ने बोला हे अर्जुन!
अब उठकर अपना शस्त्र धरो,
यह यश अर्जन का अवसर है,
तुम शोक त्यागकर युद्ध करो,

हों भीष्म, द्रोण या कर्ण यहाँ,
सबको पहले ही मार चुका,
हो निमित्त मात्र बस अर्जुन तुम,
कर मुक्त मैं इनको तार चुका,

सुनकर ईश्वर के दिव्य वचन,
अर्जुन भी थर-थर काँप गया,
अवरुद्ध कण्ठ, मस्तक नीचे,
वह युद्ध का प्रतिफल भाँप गया,

हे भगवन्! तेरे गुण अपार,
व्यक्त-अव्यक्त सब तुम ही हो,
हो भावी-भूत के ज्ञाता तुम,
और 'ज्ञेय-तत्त्व' भी तुम ही हो,

देव, मनुज और यक्ष, सिध्द,
हो हर्षित तुमको गाते हैं,
त्रिभुवन के सारे दुर्जन जो,
भयभीत हो भागे जाते हैं,

हो ब्रह्मा के भी स्रष्टा तुम,
तुम आदि, परम, सनातन हो,
हो माया की भी सीमा तुम,
प्रकृति से परे, पुरातन हो,

स्थावर, जंगम तुम ही हो,
सूक्ष्म तुम्हीं, स्थूल हो तुम,
इन वेदों के हो नेत्र तुम्हीं,
'गुरु-तत्त्व' का मूल हो तुम,

तुम ही देवों के परम देव,
चतुरानन भी, नारायण हो,
हो शेष, महेश, सुरेश तुम्हीं,
तुम धर्म-नीति परायण हो,

इस विश्व-रूप के वर्णन में,
योगी-तपसी सब हार गए,
है मौन धरा उपनिषदों ने,
थक 'वेद' वो सारे चार गए,

ये रूप है अमृत का सागर,
है मार्ग मोक्ष के द्वारों का,
इस रूप में सारे देव छिपे,
ये बीज सभी अवतारों का,

हे अर्जुन! ये दुर्लभ रूप मेरा,
जो सहज तुम्हें दिखलाया है,
उस योगी को भी दृश्य नहीं,
जिसने निज देह तपाया है,

कर कर्म सभी अर्पण जिसने,
मुझे जीवन का फल माना है,
इहलोक में भी, परलोक में भी,
उस भक्त ने मुझको जाना है,

ये रूप ही 'राधा-माधव' का,
ये रूप ही 'राघव-सीता' है,
उस योगेश्वर का गायन है,
यह मेरी भगवद्गीता है...

अध्याय - बारह

// कृष्णं वन्दे जगद्‌ गुरुम्‌ //

भक्ति - योग

भक्ति-योग

श्रीकृष्ण के शुद्ध प्रेम को प्राप्त करने का सबसे सुगम एवं सर्वोच्च साधन 'भक्ति-योग' है। इस परम-पथ का अनुसरण करने वालों में दिव्य गुण उत्पन्न होते हैं।

ग्यारहवें अध्याय में योगेश्वर श्रीकृष्ण ने कहा कि:- 'हे अर्जुन! तेरे सिवाय ना कोई पाया है, ना पा सकेगा, जैसा तूने देखा। किन्तु अनन्य भक्ति अथवा अनुराग से जो मुझे भजता है, वह इसी प्रकार मुझे देख सकता है, तत्त्वों के साथ मुझे जान सकता है और मुझमें प्रवेश भी पा सकता है। अर्थात् परमात्मा ऐसी सत्ता है जिसको पाया जाता है, अतः हे अर्जुन! तू भक्त बन।'

'अव्यक्त' में जिनकी आसक्ति,
मेरी राह वो दुष्कर पाते हैं,
पर करते बाधाएँ पार सभी,
मुझमें आकर मिल जाते हैं,

अव्यक्त ब्रह्म की राह में जो,
साधक बन कर आते हैं,
ऋद्धि-सिद्धि और काम-क्रोध,
बन बाधक मन भटकाते हैं,

हो शून्य से फिर संघर्ष शुरू,
दु:ख पीछे पीछे आता है,
बिन भक्ति मेरी राह कठिन,
एक भक्त ही मुझको पाता है,

जो अचिन्त्य रूप का पथगामी,
वो ज्ञान-योग का साधक है,
जो सगुण रूप में रहता रत,
वो भक्ति का प्रतिपादक है,

कर्मों को कर अर्पित मुझको,
जो अविचल भाव जगाते हैं,
चित्त को रख स्थिर मुझमें,
वो भव-सागर तर जाते हैं,

ऐसा करने में विफल हैं जो,
पालन वो भक्ति-विधान करें,
आसक्त परम मुझमें होकर,
प्रस्थान मेरे निज-धाम करें,

इन भक्ति-योग अभ्यासों में,
अक्षम जो खुद को पाता है,
यदि मेरे हित वो कर्म करे,
वह पूर्ण सिद्ध हो जाता है,

अति-प्रिय मैं अपने भक्तों के,
संकट हरने को आता हूँ,
धर राम, कृष्ण से रूप विविध,
शबरी, कुब्जा तक जाता हूँ,

भक्ति-सरिता की गहराई,
कोई ना अब तक नाप सका,
पर बिन डूबे वो पार हुआ,
सुन मेरा जो पदचाप सका,

यदि मेरे हित कार्यकलापों में,
अवरोध किसी का धर्म करे,
होकर आत्म में स्थित वह,
निष्काम भाव से कर्म करे,

चित्त मुझमें नित स्थिर करना,
'अभ्यास' योग कहलाता है,
संसार प्रपंच मिट जाते हैं,
मन मुझमें ही रम जाता है,

असमर्थ जो इन अभ्यासों में,
वह विधिपूर्वक कुल-धर्म करे,
नित काया, मन और वाचा से,
अर्पित मुझको सब कर्म करे,

अक्षम जो इन अभ्यासों में,
फिर 'ज्ञान' के पथ का साधन है,
है 'ध्यान', ज्ञान से श्रेष्ठ सदा,
चूंकि इसमें इष्ट-आराधन है,

ध्यानी से बढ़कर 'योगी' वह,
फल त्याग करे जो कर्मों का,
लाभ-हानि, यश-अपयश में,
समभाव रहे गुण-धर्मों का,

समभाव है निन्दा-स्तुति में,
मन-इन्द्रिय वश में रखता है,
संतोष है जिसके अन्तर में,
प्रिय मेरा बनकर रहता है,

जो राग-द्वेष वियुक्त रहे,
समभाव में रह सन्तुष्ट रहे,
वो भक्त मेरा अति प्रियतम है,
जो अंहकार से मुक्त रहे,

ना स्वामी खुद को माने जो,
स्थिर मुझमें मन, बुद्धि है,
जो आत्मसंयमी और सहिष्णु,
उस भक्त की सच्ची सिद्धि है,

है प्रिय-अप्रिय का भेद नहीं,
हर्ष, शोक का भान नहीं,
लाभ-हानि, भय-चिन्ता में,
है द्वैत-भाव का नाम नहीं,

जो मित्र दयालु जीवों का,
शुद्ध सदा जिसका हिय है,
फल त्याग करे जो कर्मों का,
वो भक्त मेरा अतिशय प्रिय है,

जो कुसंगति से दूर रहे,
स्थिर है दुःख के सागर में,
समभाव सदा वो रखता है,
नित आदर और निरादर में,

है ज्ञान में दृढ़ बुद्धि जिसकी,
और भक्ति का संकल्प प्रबल,
है मौन में सन्तुष्टि उसकी,
और मुझमें है विश्वास अटल,

भक्ति में आसक्ति जिसकी,
श्रद्धा से कीर्तन करता है,
वो भक्त मेरा अतिशय प्रिय जो,
नित चिन्तन मेरा करता है,

मन को कर एकाग्र सदा,
श्रद्धा से मुझमें युक्त हुआ,
वो भक्त परम, उत्तम योगी,
आकर मुझसे संयुक्त हुआ,

जहाँ कोई भी 'शुभ' विलग नहीं,
ना शेष 'अशुभ' रह जाता है,
वो भक्ति का सर्वोच्च शिखर,
मुझमें आकर मिल जाता है,

जिसके अन्तर में वास मेरा,
वो हृदय ही तीरथ-धाम हुआ,
है काल-चक्र से मुक्त हुआ,
जब जीवन मेरे नाम हुआ,

'ब्रह्म-स्थिति' में मौन है जो,
मन में मेरा उच्चारण है,
मेरे मस्तक पर मुकुट तुल्य,
वो युगों-युगों तक धारण है,

है मेरे परम परायण वह,
जो धर्म का अमृत पीता है,
उस योगेश्वर का गायन है,
यह मेरी भगवद्गीता है...

अध्याय - तेरह

// कृष्णं वन्दे जगद् गुरुम् //

प्रकृति, पुरुष एवं चेतना

क्षेत्र-क्षेत्रज्ञ विभाग योग

जो व्यक्ति शरीर, आत्मा और इससे भी परे परमात्मा के अन्तर को समझ लेता है, उसे भौतिक जगत से मोक्ष प्राप्त हो जाता है। शरीर, जो क्षेत्र है, उसके बारे में बताते हुए योगेश्वर श्रीकृष्ण कहते हैं कि ''अष्टधा मूल प्रकृति, अव्यक्त प्रकृति, दस इन्द्रियाँ और मन, इन्द्रियों के पाँचों विषय, आशा, तृष्णा और वासना इस प्रकार इन विकारों का सामूहिक मिश्रण, यही शरीर है। जब तक यह रहेंगे तब तक शरीर किसी न किसी रूप में हमेशा रहेगा ही। यही 'क्षेत्र' है। जिसमें बोया भला-बुरा बीज 'संस्कार' रूप में उगता है, जो इसे पार पा लेता है, वह 'क्षेत्रज्ञ' है।" क्षेत्र का स्वरूप बताते हुए उन्होंने ईश्वरीय गुणधर्मों पर प्रकाश डाला और कहा कि 'क्षेत्रज्ञ' ही इस 'क्षेत्र' का प्रकाशक है। साधना के पूर्ति काल में परमतत्त्व परमात्मा का प्रत्यक्ष दर्शन ही 'ज्ञान' है। ज्ञान का अर्थ है 'साक्षात्कार'। इसके अतिरिक्त जो कुछ भी है, वो अज्ञान है। जानने योग्य वस्तु है 'परात्पर ब्रह्म'। वह न सत् है ना असत्, वो इन दोनों से परे है।

है ज्ञान क्या, है ज्ञेय कौन
है क्षेत्र क्या, क्षेत्रज्ञ कौन,
प्रकृति और पुरुष का केशव,
है मर्म क्या, मर्मज्ञ कौन,

हे अर्जुन! भौतिक देह यही,
देही का 'क्षेत्र' कहलाता है,
इस कर्म क्षेत्र का ज्ञाता जो,
'क्षेत्रज्ञ' वो जाना जाता है,

मैं समस्त क्षेत्रों का पोषक,
'क्षेत्रज्ञ-परम' कहलाता हूँ,
दे ज्ञान मैं इनका भक्तों को,
मुक्ति की राह दिखाता हूँ,

मैं देह नहीं, मैं देही हूँ,
जिसने भी यह मान लिया,
गूढ़ ज्ञान का सार तत्त्व,
तत्क्षण ही उसने जान लिया,

पृथ्वी, जल, अग्नि, वायु, गगन,
त्रिगुण, अहंकार, बुद्धि और मन,
दस इन्द्रिय और विषय पाँच,
इन चौबीस तत्त्वों का मानव तन,

ये पंचभूत, इन्द्रिय व विषय,
स्थूल क्षेत्र के कारक हैं,
मन, बुद्धि और अहंकार,
ये सूक्ष्म देह के धारक हैं,

है इन्द्रिय रूपी बैल यहाँ,
विषयों में हल चलवाता है,
है खाद यहाँ कुकर्मों की,
पापों की फसल उगाता है,

सुगन्ध छिपी जैसे कलियों में,
लकड़ी में अग्नि गुप्त रहे,
'अहंकार' हो उदित देह संग,
ये बिना देह के सुप्त रहे,

ये 'अहं' देह के पास नाचता,
'संज्ञान' को वश में करता है,
संकट में विविध प्रकारों के,
जीव को उन्मुख करता है,

सुख-दुःख का जो चयन करे,
पाप-पुण्य का भेद कराती,
जो आत्मा-जीव की सन्धि है,
है वही तो 'बुद्धि' कहलाती,

इन्द्रिय-बुद्धि के बीच में जो,
रजस के बल से चंचल है,
करता सशक्त वासना को,
वह 'मन' होता उच्छृंखल है,

जो अहंकार का प्रतिद्वन्द्वी,
इच्छा, आशा का सागर है,
करे बन्द ज्ञान के द्वारों को,
वो मन ही भ्रम का आगर है,

है देह के भीतर 'चेतन' जो,
वह ब्रह्म-तत्त्व की शक्ति है,
वो अछेद, अभेद, अखण्ड रहे,
चाहे जाग्रत, स्वप्न, सुषुप्ति है,

है स्वतः प्रकाशित ज्ञेय जहाँ,
परब्रह्म से सहज मिलाता है,
वो तत्त्व-ज्ञान ही शुध्द परम,
जो चित्त को अटल बनाता है,

हे अर्जुन! है जो ज्ञेय परम,
वह सत्य तुम्हें बतलाता हूँ,
जहाँ नित्य ब्रह्म का आस्वादन,
वह ज्ञान तुम्हें समझाता हूँ,

जो सत्-असत् से परे सदा,
वह विश्व-बाहु सा व्यापक है,
है महा-शून्य वह ज्ञेय परम्,
वह 'ब्रह्म-ज्ञान' का ज्ञापक है,

है मूल स्रोत सब इन्द्रिय का पर,
अतीन्द्रिय वह, अन्तर्यामी है,
वह त्रिगुणों से अतीत सदा,
पर सभी गुणों का स्वामी है,

वो हर जीवन के मूल छिपा,
है अविभाज्य, सृष्टि के संगम में,
अतिसूक्ष्म है, बाहर-भीतर वो,
'स्थावर' से लेकर 'जंगम' में,

सृष्टि के उत्पत्ति काल में,
वह 'ब्रह्म-देव' कहलाता है,
स्थिति में 'विष्णु', 'रुद्र' प्रलय में,
फिर 'ब्रह्म रूप' अपनाता है,

वो 'ब्रह्म', अग्नि की दाह-शक्ति,
वह चन्द्र-सुधा संजीवन है,
'रवि' को भी करता तेजस्वी,
वह ही जल का जीवन है,

क्षेत्र-ज्ञान और ज्ञेय-अज्ञान,
हे अर्जुन! तुमको बतलाया है,
एक पर-ब्रह्म के चार भाग,
सब अलग-अलग समझाया है,

अनादि पुरुष और प्रकृति का,
अब सम्बन्ध तुझे बतलाता हूँ,
जो सांख्य-योग की पद्धति है,
वह विषय तुम्हें समझाता हूँ,

जिसकी सत्ता का नाश नहीं,
वह 'पुरुष' तत्त्व कहलाता है,
यह पुरुष क्रियाएँ करने को,
इस 'प्रकृति' को अपनाता है,

हैं प्रकृति से ही निर्मित ये,
बुद्धि, इन्द्रिय और अन्तर्मन,
उत्पन्न इसी से गुण सारे,
सृष्टि में फैले सत, रज, तम,

जो जड़ता से परिपूर्ण सदा,
अपने पुण्यों का गान करे,
वो लौकिक दृष्टि से यश-भागी,
पर समृद्ध सदैव 'अज्ञान' करे,

त्रिगुणों का करता भोग है जो,
नित प्रकृति में ही रहता है,
वो जीव प्रकृति की संगति में,
बन उत्तम-अधम भटकता है,

हर जीव सदा अपने भीतर,
उस परम-तत्त्व को पाता है,
है साक्षी भाव में स्वामी वह,
जीवों का अनुमति दाता है,

प्रकृति, पुरुष, परमात्मा के,
सम्बन्ध को जिसने जाना है,
वह मुक्ति का अधिकारी है,
उसे लौट के फिर ना आना है,

ये देह बना जो प्रकृति से,
यह ही कर्मों का 'कर्ता' है,
निष्क्रिय है वो 'आत्म-तत्त्व',
जो 'द्रष्टा' बनकर रहता है,

ये देह जीव का बाह्य-रूप,
बस आलय और निकेतन है,
है मूल रूप जो जीवों का,
वह भीतर बैठा 'चेतन' है,

जग में फैला आकाश तत्त्व,
निर्लिप्त जगत से रहता है,
वैसे ही चेतन जीवों का,
ना लिप्त देह से होता है,

सूर्य की किरणों से जैसे,
संसार विभासित होता है,
वैसे ही चेतन-ज्योति से,
ये देह प्रकाशित होता है,

जिसने भी यह जान लिया,
वो देह नहीं, वो ज्ञाता है,
वह भव-बन्धन से मुक्त हुआ,
और परम-धाम को पाता है,

है विनयशील वह दम्भ-हीन,
ना विषयों का अनुरागी वह,
है सरल, अहिंसक, पावन वो,
नित अहंभाव का त्यागी वह,

इस देह को समझे तृणवत् जो,
जाने बाह्य रूप, अभ्यन्तर को,
वो समझे 'प्रकृति' और 'पुरुष',
'आत्म', 'अनात्म' के अन्तर को,

वो जन्म-मरण से मुक्त हुआ,
और नित्य में जीवन जीता है,
उस योगेश्वर का गायन है,
यह मेरी भगवद्गीता है...

अध्याय - चौदह

// कृष्णं वन्दे जगद्‌ गुरुम्‌ //

प्रकृति के तीन गुण

गुणत्रय विभाग योग

सारे देहधारी जीव भौतिक प्रकृति के तीन गुणों के अधीन हैं। ये हैं 'सतोगुण', 'रजोगुण' तथा 'तमोगुण'। श्रीकृष्ण बताते हैं कि ये गुण क्या हैं? ये हम पर किस प्रकार क्रिया करते हैं? कोई इनको कैसे पार कर सकता है? और दिव्य पद को प्राप्त व्यक्ति के कौन-कौन से लक्षण हैं?

श्रीकृष्ण कहते हैं कि ''अष्टधा मूल प्रकृति गर्भ को धारण करने वाली माता है और मैं ही बीज रूप पिता हूँ, ना अन्य कोई माता है ना पिता। प्रकृति से उत्पन्न हुए रज, सत्व और तम तीनों गुण ही इस जीवात्मा को, शरीरों को बाँधते हैं। और अन्त में योगेश्वर श्रीकृष्ण निर्णय देते हैं कि वह गुणातीत पुरुष जिस ब्रह्म के साथ एकीभाव में स्थित होता है, उस ब्रह्म का, अमृत तत्त्व का, शाश्वत धर्म का और अखण्ड एकरस आनन्द का मैं ही एकमात्र आश्रय हूँ एवं प्रधान कर्ता हूँ।''

सब ज्ञानों में जो श्रेष्ठ ज्ञान,
हे पार्थ! तुम्हें बतलाता हूँ,
जो मुनियों को देता सिद्धि परम,
वह मार्ग तुझे दिखलाता हूँ,

इस ज्ञान में होता स्थिर जो,
मेरा स्वभाव पा जाता है,
वह सृजन-प्रलय से परे हुआ,
मुझमें आकर मिल जाता है,

जीव के घट का नाश हुआ,
फिर घटाकाश मिट जाता है,
मुझमें मिल, मुझ जैसा बन,
वह 'महाकाश' बन जाता है,

आत्म-तत्त्व और प्रकृति का,
मैं ही संयोजक धाता हूँ,
सकल चराचर जीवों का,
मैं ही तो बीज-प्रदाता हूँ,

जब प्रकृति से संसर्ग हुआ,
वशीभूत जीव हो जाता है,
जो अजर, अमर, अविनाशी है,
वो त्रिगुणों में बँध जाता है,

जो शुद्ध-श्रेष्ठ, वो सत्-गुण है
ये पापों से मुक्ति दाता है,
पर इसमें स्थिर जीव सदा,
सुख-ज्ञान भाव बँध जाता है,

रज-गुण का जो भाव जीव में,
इच्छा-तृष्णा से उपजा है,
है भोग के प्रति लालायित वो,
नित कर्म-फलों में उलझा है,

ये सत्-गुण एक 'आखेटक' सा,
'जीव' जाल फँसा 'मृग' निश्छल है,
और रज-गुण में 'सन्तोष' नहीं,
यह 'चपला' से भी चंचल है,

अज्ञान-मोह में डूबा जो,
तमस का विष वो पीता है,
भौतिकता और निद्रा का,
वह व्यसनी बनकर जीता है,

सत्-गुण में सुख का बन्धन,
रजस में बन्धन कर्मों का,
तम गुण ही है मूल सदा,
मोह जनित अधर्मों का,

सत्, रज, तम में द्वन्द्व निरन्तर,
इस देह में चलता रहता है,
कौन-सा गुण कब प्रबल हुआ,
यह चक्र बदलता रहता है,

रज-तम का जब तिमिर मिटे,
और सत्-गुण रवि है सघन हुआ,
तब इन्द्रिय के उस आँगन में,
विवेक का पहरा गहन हुआ,

ज्ञान का दीपक दीपित हुआ,
जब देह के सब नौ द्वारों में,
सत् का होता अनुभव तब,
मन, बुद्धि और विचारों में,

रजस में डूबा जीव है मोहित,
सकाम कर्म, आसक्ति में,
सबल है इच्छा और लालसा,
उलझा वह इन्द्रिय तृप्ति में,

जब तम-गुण का उत्कर्ष हुआ,
'जड़ता' का भाव प्रधान हुआ,
गहन हुआ 'अज्ञान-तिमिर',
और 'मोह' अति बलवान हुआ,

जो सत्-गुण में करता देह त्याग,
वो उच्च लोक को जाता है,
भोग के सारे दैवी सुख,
फिर जन्म 'ज्ञानी' का पाता है,

रज-गुण में जो मरने वाला,
वह 'मानव' योनि पाता है,
काम्य कर्म करने वाले,
कुल में वापस आता है,

है तमस में जिसका देह त्याग,
वह निम्न लोक को जाता है,
बन पशु-पक्षी या कीट-पतंगे,
फिर संसार में वापस आता है,

है 'सत्' से 'ज्ञान' की उत्पत्ति,
'लोभ', 'रजस' से उपजा है,
'तम' में मोह, प्रमाद छिपा,
आलस्य का मन पर कब्जा है,

संसार के सारे कर्मों में,
यह त्रिगुण ही होता कर्त्ता है,
है परमेश्वर का साक्षी भाव,
वह परे गुणों से रहता है,

वो जरा-मरण से मुक्त हुआ,
जो गुणों का बन्धन लाँघ गया,
वो देही है नित गुणातीत,
और परम से बन्धन बाँध गया,

ना घृणा कोई, ना चाह कोई,
जिसे मोह, प्रकाश, आसक्ति में,
वो जीव सदा निश्छल, अविचल,
दुख-हानि में, सुख-सम्पत्ति में,

ये त्रिगुण ही होता कर्त्ता है,
जिसने भी यह जान लिया,
वह उदासीन और दिव्य सदा,
सुख-दुःख को एक समान लिया,

हो मान कोई, अपमान कोई,
धनवान हो या अकिंचन हो,
समदृष्टि सदा उसकी रहती,
चाहे पाहन हो या कंचन हो,

हे पार्थ! जो होता भक्त मेरा,
वो अविचल भाव जगाता है,
लाँघ ये बन्धन त्रिगुणों के,
वह 'ब्रह्म' का स्तर पाता है,

मैं ही सारा विश्व हूँ अर्जुन,
जग की मैं ही परिपाटी हूँ,
हूँ स्वर्ण जड़ा मैं कंगन में,
और घट में मैं ही माटी हूँ,

मैं सत्य ज्ञान, मैं ब्रह्म ज्योति,
जो जग आलोकित करता है,
उस योगेश्वर का गायन है,
यह मेरी भगवद्गीता है...

अध्याय - पन्द्रह

// कृष्णं वन्दे जगद् गुरुम् //

पुरुषोत्तम योग

संसार विटप

वैदिक ज्ञान का चरम लक्ष्य अपने आप को भौतिक जगत के पाश से विलग करना तथा श्रीकृष्ण को परमेश्वर मानना है। जो श्रीकृष्ण के परम स्वरूप को समझ लेता है, वह उनकी शरण ग्रहण करके उनकी भक्ति में लग जाता है। योगेश्वर श्रीकृष्ण कहते हैं कि ''सम्पूर्ण प्राणियों के अन्तर्देश में स्थित होकर मैं ही स्वरूप, जो विस्मृत हो गया है, उसकी स्मृति दिलाता हूँ। स्मृति के साथ मिलने वाला ज्ञान भी मैं ही हूँ। मैं ही जानने योग्य हूँ। संसार एक पीपल के वृक्ष के समान है, जिसका मूल सर्वत्र और शाखाएँ प्रत्येक दिशा में फैली हुई हैं। कर्मों के अनुसार मनुष्य योनि में बन्धन तैयार करता है, बाँधता है। श्रीकृष्ण कहते हैं कि हे अर्जुन! दृढ़ वैराग्यरूपी शस्त्र द्वारा इस संसार रूपी पीपल के वृक्ष को तू काट और उस परम पद को ढूँढ़ जिसमें गए हुए महर्षि पुनर्जन्म को प्राप्त नहीं होते।''

संसार उस अश्वत्थ-वृक्ष सदृश,
जो नभ में उल्टा लटका है,
हैं जड़ें ऊर्ध्व, शाखाएँ नीचे,
और जीव इसी में अटका है,

'माया' में इसका मूल छिपा,
'जग' में इसका विस्तार रहे,
ये 'पंचभूत' हैं बीज सदृश,
अंकुर इसका 'अहंकार' रहे,

ये पाँच इन्द्रियाँ 'कोपल' हैं,
विषय-विकार ही पत्ती है,
लोभ-मोह, इच्छाओं की,
जिससे होती उत्पत्ति है,

स्वेदज, अंडज, उद्भिज, जारज,
ये चार प्रमुख शाखाएँ हैं,
लाख चौरासी डाली फूटी,
जो जीवों की भिन्न दशाएँ हैं,

पत्तों में वैदिक मन्त्र छिपा,
जो मुक्ति का मार्ग बताता है,
इस तरु को जिसने भी जाना,
वह ही वेदों का ज्ञाता है,

ये त्रिगुणों से पोषित रहता,
इन्द्रिय विषयों की टहनी है,
हर भाग में फैला जीव जगत,
यहाँ भाँति भाँति की योनि हैं,

‘संसार-विटप’ ये जिसने भी,
‘वैराग्य-शस्त्र’ से काट दिया,
वो मोह-मान से मुक्त हुआ
उस ‘परम’ से रिश्ता गाँठ लिया,

‘आत्म’ का दर्शन जिसे हुआ,
वो भाव ‘स्वयं’ का भूल गया,
ये कुम्भ देह का जब फूटा,
जल बन ‘सागर’ का मूल गया,

हे पार्थ! जो मेरा शरणागत,
नित मेरा ही अनुरागी है,
तज मोह-काम, पद-मान सभी,
वो परमधाम का भागी है,

है स्वतः प्रकाशित धाम मेरा,
ना सूर्य-चन्द्र, ना तारे हैं,
है ब्रह्मज्योति का तेज वहाँ,
और रहते भक्त हमारे हैं,

इस बद्ध जगत के जीव सभी,
अविनाशी अंश हमारे हैं,
पर मन और पाँच इन्द्रियों से,
ये युद्ध निरन्तर हारे हैं,

पवन है जैसे लेकर जाता,
संग अपने पुष्प सुगन्धों को,
ये जीव निरन्तर देह बदलता,
लेकर मन, इन्द्रिय, पुण्यों को,

फिर देह ये धारण जब करता,
नव मन-इन्द्रिय का सृजन हुआ,
प्रकृति के त्रिगुणों में फँसकर,
विषयों से इनका मिलन हुआ,

किस तरह देह का त्याग किया,
नव-रूप का कैसे धारण है,
बन्धन जो होता त्रिगुणों का,
क्या होता इसका कारण है,

ये आत्म-तत्त्व देखा उसने,
जो ज्ञान-चक्षु पा जाते हैं,
कर्ता-भोक्ता और जन्म-मरण,
ये देह जगत की बातें हैं,

अज्ञानी जन ना देख सकें,
देह के नित परिवर्तन को,
ये ज्ञान सदा है सहज सुलभ,
स्वरूप-सिद्ध योगीजन को,

जो तिमिर जगत का दूर करे,
दिनकर का वो ताप भी मैं,
ये अग्नि, चन्द्र मुझसे ही हैं,
बारिश, बुँदें और भाप भी मैं,

सृष्टि में फैले लोक सभी,
शक्ति से मेरे घूम रहे,
मैं चन्द्र-सुधा रस वृक्षों का,
जिससे तरु सारे झूम रहे,

मैं देह के भीतर जठर-अग्नि,
प्राणी का प्राण-अपान हूँ मैं,
हे अर्जुन! हूँ मैं प्रकट कहीं,
कहीं रहता अन्तर्धान हूँ मैं,

मैं कारण स्मृति-विस्मृति का,
आसीन हृदय में, ध्येय हूँ मैं,
मैं ही वेदों का ज्ञाता हूँ,
और सब वेदों का ज्ञेय भी मैं,

संसार नगर दो पुरुषों का,
यहाँ क्षर-अक्षर की बस्ती है,
है एक तत्त्व अविनाशी का,
और एक में माया-प्रकृति है,

जो क्षर-अक्षर से परे सदा,
अविनाशी वो अन्तर-यामी है,
वही परम पुरुष परमेश्वर ही,
इन तीन लोक का स्वामी है,

संशय से सारे मुक्त है जो,
और रूप का मेरे ज्ञाता है,
हे पार्थ! वो मेरा पूर्ण भक्त,
बस मुझमें ही रम जाता है,

जो गुप्त सार है वेदों का,
हे अनघ! तुझे बतलाया है,
जो समझ गया ये गूढ़ तथ्य,
उसने ही मुझको पाया है,

उस हृदय में मेरा वास हुआ,
जो जान स्वयं को 'बुद्ध' हुआ,
मुक्त हुआ जो त्रिविध-ताप से,
और चित्त 'ज्ञान' से शुद्ध हुआ,

मैं चैतन्य रूप में 'शम्भू' हूँ,
ये 'ज्ञान' जटा की 'गंगा' है,
जो शब्द प्रवाहित हैं मुख से,
उसने अन्तर को रंगा है,

हैं बहे मोह के धागे सब,
जब बही ज्ञान की सरिता है,
उस योगेश्वर का गायन है,
यह मेरी भगवद्गीता है...

अध्याय - सोलह

// कृष्णं वन्दे जगद् गुरुम् //

दैवी एवं आसुरी स्वभाव

देवासुर सम्पद् विभाग योग

शास्त्रों के नियम का पालन न करके मनमाने ढंग से जीवन व्यतीत करने वाले तथा आसुरी गुणों वाले व्यक्ति अधम योनियों को प्राप्त होते हैं और आगे भी भव-बन्धन में ही पड़े रहते हैं। किन्तु दैवी गुणों से सम्पन्न तथा शास्त्रों को आधार मानकर नियमित जीवन बिताने वाले लोग आध्यात्मिक सिद्धि को प्राप्त करते हैं।

इस अध्याय में योगेश्वर श्रीकृष्ण ने दैवी सम्पद् का विस्तार से वर्णन करते हुए ध्यान में स्थिति, सर्वस्व का समर्पण, अन्तःकरण की शुद्धि, इन्द्रियों का दमन, मन का शमन, स्वरुप के स्मरण हेतु अध्ययन, यज्ञ के लिए प्रयत्न, अक्रोध, चित्त का शान्त प्रवाहित रहना इत्यादि दैवी गुणों पर प्रकाश डाला है तथा उन्होंने आसुरी सम्पद् के प्रधान विकारों का नाम लिया जैसे—अभिमान, दम्भ, कठोरता, अज्ञान इत्यादि। और अन्त में निर्णय दिया कि ‘‘हे अर्जुन! दैवी सम्पद् पूर्ण निवृत्ति के लिए है, परमपद की प्राप्ति के लिए है। जबकि आसुरी सम्पद् बन्धन और अधोगति का कारण है। अतः हे अर्जुन! तू शोक न कर, क्योंकि तू दैवी सम्पद् को प्राप्त हुआ है।”

जहाँ अभय, दान और आत्मशुद्धि,
तप, ज्ञान, सरलता, संयम है,
है त्याग, शान्ति और सत्य, अहिंसा,
वहाँ दिव्य गुणों का संगम है,

जो क्षमाशील और धैर्यवान,
अतिपावन और हितकामी है,
वो राग-द्वेष से विरत सदा,
दैवी प्रकृति का स्वामी है,

इन दिव्य गुणों से युक्त है जो,
वो देव-तुल्य हो जाते हैं,
और दम्भ, दर्प, अभिमान, क्रोध,
ये असुर स्वभाव कहलाते हैं,

है पात्र सदा मुक्ति का वो,
जो दिव्य गुणों का स्वामी है,
है असुर भाव में फँसा हुआ,
जो निष्ठुर, निर्दय, अज्ञानी है,

हे पार्थ! तजो चिन्ता सारी,
दैवी स्वभाव तुम्हारा है,
ये धर्मयुद्ध भी 'दैविक' है,
मुक्ति का यही सहारा है,

संसार में जन्मे बद्ध जीव,
नित दो भावों में बँटे हुए,
कोई दैवी, कोई आसुरी हैं,
निज राह में दोनों डटे हुए,

जो झंझावत उठे आशाओं का,
'अज्ञान-धूल' तन पर छाया,
है अन्तर में जब मोह प्रबल,
पाप का आलय बनती काया,

जहाँ पुण्यों में नहीं प्रवृत्ति है,
और पापों से नहीं निवृत्ति है,
ना शुचिता, ना सत्य जहाँ,
कहलाती 'असुरों' की वृत्ति है,

असुर कहते कोई आधार नहीं,
ईश्वर की 'विश्व-व्यवस्था' का,
बस 'काम' ही होता कारण है,
इस जग की दृश्य अवस्था का,

ना कोई विधि-नियन्ता है,
ना कोई जग का तारण है,
शून्य रूप सृष्टि का दिखना,
ये दृष्टि-भ्रम के कारण है,

ये आत्म ज्ञान से दूर सदा,
विकृत मन का भाव रहे,
हैं नाशक और भयानक ये,
बुद्धि का पूर्ण अभाव रहे,

अतृप्त हैं इनकी इच्छाएँ,
उलझे हैं मान-प्रतिष्ठा में,
हैं गर्व के मद में चूर सदा,
रत क्षणभंगुर की निष्ठा में,

ये आसक्ति के फेर में पड़,
नित विषय-वनों में भटक रहे,
ना आत्म-हितों के अनुरागी,
बस काम-क्रोध में अटक रहे,

पतित कर्म, इन्द्रिय तुष्टि,
मन इनका इसमें मगन रहे,
अन्तकाल आ जाने पर भी,
धन-संचय की लगन रहे,

सन्तोष का इनमें भाव नहीं,
धन की बढ़ती अभिलाषा है,
अरि होंगे मेरे पराजित सब,
इनकी यह रहती आशा है,

शक्तिमान और सिद्ध, सुखी,
कहते ये खुद को 'स्वामी' हैं,
कर 'यज्ञ-दान' आनन्दित हैं,
ये मोह-ग्रस्त अभिमानी हैं,

उद्विग्न सदा चिन्ताओं में,
ये विषयों के अनुरागी हैं,
हैं मोह-जाल में उलझे ये,
और नरक के बनते भागी हैं,

अहंकार, बल, दर्प, काम,
नित क्रोध भाव के पोषक हैं,
ईश्वर से रखते ईर्ष्या नित,
और धर्म के ये आलोचक हैं,

श्रेष्ठ स्वयं को सदा कहें,
धन-मान के मद में मोहित हैं,
है धर्म-कार्य अभिमान पूर्ण,
भ्रम-मोह में ये सम्मोहित हैं,

जो द्वेष-भाव से युक्त रहें,
बन क्रूर, नराधम जाते हैं,
वो फँसे जन्म के बन्धन में,
इन 'असुरों' की योनि पाते हैं,

काम, क्रोध और लोभ यही,
त्रय नर्क-द्वार कहलाते हैं,
इस त्रिगुट को जिसने भी जीता,
वो 'भवसागर' तर जाते हैं,

पुरुषार्थ है जिसका प्रबल हुआ,
काम-क्रोध और लोभ है छूटा,
गुरू-कृपा और सत्संगति से,
ये तीन कड़ी का साँकल टूटा,

जो त्रय-दोषों से मुक्त हुआ,
वो परम धाम को जाता है,
वह जन्म-चक्र से पार हुआ,
आकर मुझसे मिल जाता है,

तज वेद-विधि-विधानों को,
वशीभूत काम जो कर्म करे,
परलोक से होता वंचित वो,
और नष्ट मनुज का जन्म करे,

कल्याण स्वयं का जो चाहे,
वो वेदों का अनुगामी है,
श्रुति-स्मृति के साधन से,
पुरुषार्थ का बनता स्वामी है,

हे अर्जुन! तू है रहित सदा,
इस माया के त्रय-तापों से,
बन युद्ध का नायक, दे मुक्ति,
इस वसुधा को सन्तापों से,

हे अर्जुन! तेरे कर्म प्रबल,
अब तू ही धर्म-प्रणेता है,
उस योगेश्वर का गायन है,
यह मेरी भगवद्गीता है...

अध्याय - सत्रह

// कृष्णं वन्दे जगद् गुरुम् //

श्रद्धा के विभाग

श्रद्धात्रय विभाग योग

भौतिक प्रकृति के तीन गुणों से तीन प्रकार की श्रद्धा उत्पन्न होती है। रजोगुण तथा तमोगुण में श्रद्धापूर्वक किए गए कर्मों से अस्थायी फल प्राप्त होते हैं। जबकि शास्त्र सम्मत विधि से सतोगुण में रहकर सम्पन्न कर्म हृदय को शुद्ध करते हैं तथा भगवान् श्रीकृष्ण के प्रति शुद्ध श्रद्धा तथा भक्ति उत्पन्न करने वाले होते हैं।

योगेश्वर श्रीकृष्ण कहते हैं कि ''हे अर्जुन! यह पुरुष श्रद्धा का स्वरूप है। कहीं-न-कहीं उसकी श्रद्धा होगी ही। जैसी श्रद्धा, वैसा पुरुष। ये श्रद्धा सात्विक, राजसिक और तामसिक तीन प्रकार की हो सकती है। सात्विक श्रद्धा वाले देवताओं को, राजसिक श्रद्धा वाले यक्ष (जो यश और शौर्य प्रदान करें) का पीछा करते हैं और तामसिक श्रद्धा वाले भूत-प्रेतों को पूजते हैं। शास्त्र-विधि से रहित इन पूजाओं द्वारा ये तीनों प्रकार के श्रद्धालु शरीर में स्थित भूतसमुदाय अर्थात् अपने संकल्पों और हृदय देश में स्थित मुझ अन्तर्यामी को भी कृश करते हैं, न कि पूजते हैं। उन सबको निश्चय ही तू असुर जान।''

तज कर शास्त्र-विधि को जो,
निज नियम से रत है पूजन में,
सत, रज, तम में कौन-सा गुण,
नित प्रबल है उसके जीवन में,

हैं अर्जित गुण जो मानव के,
वैसा ही नित्य स्वभाव रहे,
हे अर्जुन! त्रिगुणों से प्रेरित,
उसकी श्रद्धा का भाव रहे,

देवों को पूजें 'सतोगुणी',
'रजस', यक्ष के साधक हैं,
और 'तम-गुण' में रहने वाले,
नित भूत-प्रेत आराधक हैं,

पाखण्ड युक्त सारा तप-व्रत,
जो दम्भ, अहं में मत्त रहे,
है कामी, क्रोधी, लोभी जो,
और विषयों में आसक्त रहे,

भ्रमित है जिसकी मन-वृत्ति,
और कष्ट है भौतिक काया में,
तज परम तत्त्व को डूबा है,
वो 'असुर' भाव की माया में,

श्रद्धा जिसकी निष्काम हुई,
'सत्-गुण' उसका यज्ञ हुआ,
धन-लोभ से होता 'रजोगुणी',
और बिन श्रद्धा ये 'तमस' हुआ,

भोजन, यज्ञ और दान, तपस्या,
त्रिगुणों से सभी विभाजित हैं,
सत्, रज, तम आधारों पर,
इन सभी के गुण परिभाषित हैं,

गुरु, देव-द्विज, पूज्यों का
आराधक जो ओजस्वी है,
ब्रह्मचर्य, अहिंसक, निश्छल वो,
कहलाता 'देह-तपस्वी' है,

जो सत्य, प्रिय, मृदुभाषी है,
शब्दों से संकट हरता है,
वेदों का नित्य परायण जो,
वो वाणी का तप करता है,

जब दूर हुए संशय मन के,
और आत्म-बोध उत्पन्न हुआ,
है चंचल मन जब आत्म-लीन,
तब 'मानस-तप' सम्पन्न हुआ,

वो गंगा-जल भी त्याज्य सदा,
जो मिले मद्य के प्यालों में,
प्रकृति चन्दन की शीतल है,
पर जले अग्नि संग ज्वालों में,

है संयम स्त्री सम्बन्धों में,
और परोपकार को तत्पर है,
तृण में भी दिखता प्राण उसे,
और परम दयालु अन्तर है,

शिव-लिंग हो या विष्णु-मूर्ति,
साष्टांग दण्डवत करता है,
कर देह न्यौछावर सेवा में,
वो लीन अनवरत रहता है,

है परम शुद्ध ये 'श्रद्धा' जब,
प्राणी के भीतर आती है,
पर त्रिगुण भाव से जीवों के,
ये सत्, रज, तम बन जाती है,

जो परमेश्वर में प्रवृत्त सदा,
श्रद्धा से ध्यान रमाता है,
ये दैहिक, वाचिक, मानस तप,
तब 'सतोगुणी' कहलाता है,

जब दम्भ छिपा तप के पीछे,
ध्येय पूजा और सत्कार का है,
तप बन जाता तब रजोगुणी,
फल नश्वर-क्षणिक प्रकार का है,

जिस तप का उद्देश्य सदा,
अनिष्ट किसी का करना है,
वो तप तामसिक होता है,
जहाँ कष्ट स्वयं का सहना है,

ना हित साधक जब दानी हो,
कर्तव्य-बोध का भान रहे,
हो काल-देश, याचक समुचित,
तब 'सतोगुणी' वो दान रहे,

जहाँ कर्मफलों की अभिलाषा,
और प्रत्युपकार का भाव रहे,
जब दान हुआ अनिच्छा-पूर्ण,
वहाँ 'रजस' का प्रबल प्रभाव रहे,

जब देश-काल हो पतित सदा,
ना योग्य व्यक्ति, ना आदर है,
वो दान 'तामसिक' होता है,
जो पाप-व्यसन का आगर है,

अनादि जो सृष्टि-पालक है,
जग की उत्पत्ति-लय में है,
ना जाति कोई, ना नाम कोई,
वो 'ॐ तत् सत्' के त्रय में है,

'ॐ तत् सत्' शब्दों से जो,
यज्ञ, दान, तपस्या करता है,
है परब्रह्म भाव में भावित वो,
और भव-सागर से तरता है,

भक्तिमय यज्ञ का लक्ष्य है जो,
वो परम-सत्य से अभिहित है,
है कर्म भी सत् , कर्ता भी सत् ,
और परम-पुरुष भी हर्षित है,

है दान समूची पृथ्वी का,
या तप सहस्र वर्षों का है,
ये बिना समर्पण-श्रद्धा के,
बस आडम्बर कर्मों का है,

ब्रह्मार्पण जब कर्म हुआ,
त्रुटि दूर सभी हो जाती है,
जैसे तब सारे भेद मिटे,
सरिता जब सिन्धु समाती है,

हे पार्थ! बिना श्रद्धा के जो,
यज्ञ, दान, तपस्या करता है,
हैं असत् ये उसके कर्म सभी,
और जन्म-चक्र को सहता है,

बिन 'श्रद्धा' की नौका से,
जीव बीच समुन्दर गिरता है,
उस योगेश्वर का गायन है,
यह मेरी भगवद्गीता है...

अध्याय - अठारह

// कृष्णं वन्दे जगद् गुरुम् //

उपसंहार - सन्यास की सिद्धि

सन्यास योग

इस अध्याय में श्रीकृष्ण वैराग्य का अर्थ और मानवीय चेतना तथा कर्म पर प्रकृति के गुणों का प्रभाव समझाते हैं। वह ब्रह्म-अनुभूति, भगवद्गीता की महिमा तथा भगवद्गीता के चरम निष्कर्ष को समझाते हैं। यह चरम निष्कर्ष यह है कि धर्म का सर्वोच्च मार्ग भगवान् श्रीकृष्ण की परम शरणागति है, जो पूर्ण प्रकाश प्रदान करने वाली है और मनुष्य को श्रीकृष्ण के नित्य धाम को वापस जाने में समर्थ बनाती है।

योगेश्वर श्रीकृष्ण कहते हैं कि 'हे अर्जुन! मैं सम्पूर्ण भूतों के हृदय-देश में निवास करता हूँ, किन्तु माया-रूपी यन्त्र में आरूढ़ होकर लोग भटक रहे हैं। इसलिए मुझे नहीं जानते। अतः अर्जुन! तू हृदय में स्थित मुझ परमेश्वर की शरण में आ, सम्पूर्ण धर्म की चिन्ताओं को त्याग कर तू मेरी शरण में आयेगा, तो तू मुझे ही प्राप्त होगा।'

मैं अर्थ समझने को आतुर,
'सन्यास', 'त्याग' इन शब्दों का,
दो ज्ञान मुझे 'केशव' इनमें,
मतैक्य का और मतभेदों का,

'सन्यास' स्थिति तब होती,
जब कर्मों का परित्याग हुआ,
जब कर्त्तापन का अहं मिटे,
निष्काम कर्म ही 'त्याग' हुआ,

यज्ञ, दान, तपस्या कर्मों का,
परित्याग कभी भी उचित नहीं,
कर्तव्य समझ ये कर्म करो,
हो फल-आसक्ति सृजित नहीं,

अधीन हुआ वो 'तमगुण' के,
जो भौतिक सुख में अनुराग करे,
वो मोह के है वशीभूत हुआ,
और नियत-कर्म परित्याग करे,

कर्म को समझे बन्धन जो,
और द्वेष भाव अभिभूत हुआ,
है 'तमस' त्याग ये कर्मों का,
और जीव मोह-वशीभूत हुआ,

कर घृणा कर्म से कहता जो,
ये कष्ट-क्लेश का कारण है,
है 'रजस' त्याग ये कर्मों का,
पर बन्धन से नहीं निवारण है,

कर्तव्य हुआ जब विहित कर्म,
और कर्त्तापन का त्याग हुआ,
ना अहं-भाव, ना फल-इच्छा,
तब 'सात्विक' ये परित्याग हुआ,

है सत्व में स्थित त्यागी जो,
वो विषयों में ना लिप्त रहे,
ना अशुभ कर्म से घृणा उसे
ना शुभ में वो संलिप्त रहे,

जो कर्म-फलों का त्याग करे,
वो त्रिभुवन में सच्चा त्यागी है,
कर ब्रह्म को अर्पित कर्म सभी,
बन जाता 'ज्ञान' का भागी है,

फल की आशा से उलझा,
वो जन्म-मरण के रोगों में,
हों इष्ट, अनिष्ट चाहे मिश्रित,
वो फँसा कर्म के भोगों में,

कर्म-फल सन्यास से मिलती,
ये आत्म-रूप की दृष्टि है,
जब निज स्वरूप का ज्ञान हुआ,
तब मिथ्या सारी सृष्टि है,

देह, कर्त्ता और कर्म-इन्द्रियाँ,
प्रथम तीन ये कारण हैं
है चौथा कारण 'प्राण-शक्ति',
पंचम वो परम 'नारायण' हैं,

यह देह ही होता 'अधिष्ठान',
जाग्रत, स्वप्न, सुषुप्ति का,
है प्रयास यहीं सुलझाने का,
उलझन जो बन्धन-मुक्ति का,

ये 'आत्म-तत्त्व' है उदासीन,
अलिप्त है कर्म-उत्पत्ति में,
रहता है यह विलग सदा,
सुख-दुःख, हर्ष-विपत्ति में,

चैतन्य-बिम्ब इन जीवों ने,
स्वयं को 'कर्त्ता' जान लिया,
निज स्वरूप की विस्मृति में,
'मैं देह हूँ' ऐसा मान लिया,

कर्म-संकल्प का कारण 'मन',
जो 'वाणी' का दीप जलाता है,
जो उज्ज्वल करता कर्म-मार्ग,
और साधन 'देह' बनाता है,

दिन-रात से जैसे पृथक् सूर्य,
पर दिवस-रैन का कारण है,
'आत्मा' ही अधिष्ठान कर्म का,
पर कर्म ना करती धारण है,

है 'अविद्या' की नींद गहन,
जीव 'विश्व-स्वप्न' में मुग्ध हुआ,
जब 'ज्ञान' की थपकी माथे पर,
तब रूप 'स्वयं' का शुद्ध हुआ,

ज्ञान, ज्ञेय और ज्ञाता तीनों,
कर्म-प्रवृत्ति के कारण हैं,
कर्त्ता, करण और कार्य त्रिपुट,
ये कर्म-संघटक धारण हैं,

सत्, रज, तम जिन त्रिगुणों से,
इस प्रकृति का विस्तार हुआ,
ज्ञान, कर्म और कर्त्ता का भी,
भेद इनसे तीन प्रकार हुआ,

देव-मनुज, जीव, पशु-पक्षी में,
जिसे एक 'आत्म' का दर्शन है,
यही ज्ञान 'सात्विक' कहलाता,
जहाँ जीव 'ब्रह्म' का दर्पण है,

हे पार्थ! जहाँ है द्वैत भाव,
वो ज्ञान 'रजस' का द्योतक है,
जो ज्ञान देह तक सीमित रहे,
वो 'तमस' भाव का पोषक है,

जो नित्य-नैमित्तिक कर्म करे,
और फल में ना आसक्ति है,
वो कर्म ही होता सतोगुणी,
जहाँ 'अहं' से होती मुक्ति है,

जब यत्न हो इच्छा-पूर्ति का,
और कर्म-फलों की आशा है,
तब 'रजस' भाव उत्पन्न हुआ,
और 'अहंकार' की भाषा है,

शास्त्र-निषिद्ध जो कर्म हुआ,
कर हिंसा दुःख पहुँचाता है,
वो कर्म ही होता 'तमोगुणी',
और भव-बन्धन उलझाता है,

जो गुणातीत, उत्साही है,
है अहं-रहित, निष्कामी है,
सात्विक कर्त्ता कहलाता वो,
जो वेद-शास्त्र अनुगामी है,

जो भौतिकता में लीन सदा,
और निन्दक, हठी, लालसी है,
नित शास्त्र विरोधी कर्म करे,
वो कर्त्ता 'तमस', आलसी है,

हे अर्जुन! तीन गुणों से ही,
बुद्धि के तीन प्रकार हुए,
धृति के भी तीन विभेदों में,
त्रिगुणों से रूप साकार हुए,

है कृत्य-अकृत्य का ज्ञान जिसे,
और बोध है बन्धन-मुक्ति का,
वो 'बुद्धि' कहलाती सतोगुणी,
उसे परख प्रवृत्ति-निवृत्ति का,

जो लोभी, कपटी, ईर्ष्यालु है,
और कर्म-फलों का कामी है,
वो कहलाता राजसिक कर्त्ता है,
नित विषयों का अनुगामी है,

जो कृत्य-अकृत्य ना समझ सके,
और धर्म-अधर्म का भान नहीं,
उस बुद्धि का कारक 'रजस' भाव,
उसे पाप-पुण्य का ज्ञान नहीं,

जो अधर्म को धर्म बताती है,
और मोह-अहं घनीभूत हुई,
बुद्धि जो चले विपरीत दिशा,
वो 'तमस' भाव वशीभूत हुई,

हे पार्थ! जो योगाभ्यासों से,
मन-प्राण को कर वश धारित है,
वो कहलाती 'धृति' सात्विक है,
जो परम में दृढ़ आधारित है,

तज विषयों को दस-इन्द्रिय ने,
जब प्राण-अपान को साध लिया,
मन के संकल्प-विकल्प मिटे,
और बुद्धि ने मन को बाँध लिया,

जो धर्मार्थ-काम की नौका से,
मनोरथ-सागर व्यापार करे,
वो धृति से करता लाभ सदा,
और 'रजस' भाव साकार करे,

भय-शोक, स्वप्न या मद-विषाद,
ये पाँच दोष जिस धृति में हैं,
वो मोह-ग्रस्त, दुर्बुद्धि-पूर्ण,
और 'तमस' भाव प्रकृति में हैं,

हे अर्जुन! सुख तब प्रकट हुआ,
जब आत्म-स्वरूप का ज्ञान हुआ,
और इसके भी तीन प्रकार हुए,
जिनसे दुःख का अवसान हुआ,

जो प्रारम्भ में लगता विष जैसा,
पर अन्त सुधा-रस सागर है,
है आत्म-बोध का साधन जो,
वो सुख 'सत्-गुण' का आगर है,

संसर्ग से इन्द्रिय-विषयों के,
प्रारम्भ सुधा-रस पान रहे,
है अन्त में विष सा घातक जो,
वो सुख ही 'रजस' प्रधान रहे,

जो सुख होता है मोह-जनित,
निद्रा-आलस से प्रबल हुआ,
है हर्ष हुआ पर-पीड़ा में जब,
तब 'तमस' भाव है सबल हुआ,

चाहे पृथ्वी हो या स्वर्ग लोक,
मनुज हों या फिर देवतागण,
इन गुणों से कोई मुक्त नहीं,
है त्रिगुण तिरोहित हर कण-कण,

प्रकृति के तीन गुणों से ही,
इस चार वर्ण की रचना है,
ब्राह्मण, क्षत्रिय, वैश्य, शूद्र,
कर्मों से इनकी गणना है,

जो आत्म-संयमित, सत्यनिष्ठ
ज्ञानी, तपसी, अतिपावन हैं,
ये गुण स्वाभाविक ब्राह्मण के,
और कर्म का उनके साधन हैं,

वो इन्द्रिय को रखता वश में,
नित आत्म-तत्त्व में स्थित है,
स्वधर्म का करता पालन है,
मन शुद्ध 'परम' को अर्पित है,

जो वीर, दक्ष और धैर्यवान,
संकल्प, शौर्य परिचायक है,
ये मूल स्वभाव है क्षत्रिय का,
जो समर-भूमि का नायक है,

व्यापार, कृषि और गौ-रक्षण,
वैश्यों का कर्म-समुदाय हुआ,
और अन्य वर्ण की सेवा ही,
कर्मों से शूद्र-स्वभाव हुआ,

निज विहित कर्म के पालन से,
हर प्राणी सिद्ध स्वरूप बने,
यही मोक्ष का उसके साधन है,
और परम का वो प्रतिरूप बने,

हो शुद्ध अग्नि यज्ञों की भी,
पर युक्त धुएँ हो जाते हैं,
ये सहज कर्म भी हे अर्जुन!
ना दोषमुक्त हो पाते हैं,

सहज वृत्ति के पालन से,
मुझ परम में जो रम जाता है
कर्म-दोष कर शुद्ध सभी,
वो 'स्वयं' का दर्शन पाता है,

हो अनासक्त जब मानव ने,
भौतिक यह संसार तजा,
बुद्धि विषयों से दूर हुई,
मन-अन्तर्मुख, चैतन्य जगा,

हे पार्थ! यही है सिद्धि परम,
ये सर्वोच्च ज्ञान-अवस्था है,
है जीव-ब्रह्म का मिलन यहीं,
मुक्ति की यही व्यवस्था है,

'वैराग्य' तेज से जो साधक,
'विवेक' का दीप जलाता है,
कर अन्तर-तिमिर तिरोहित वो,
'आत्म' का दर्शन पाता है,

है शुद्ध हुई बुद्धि जिसकी,
और धैर्य ने मन को साधा है,
वो राग-द्वेष से मुक्त हुआ,
विषयों को उसने त्यागा है,

जो करता नित एकान्तवास,
और सदैव समाधि-स्थित है,
काम-क्रोध, बल-दर्प सभी से,
मुक्त हुआ उसका चित्त है,

जो भौतिक संग्रह से दूर रहे,
स्वामित्व को मिथ्या जान चुका,
वैराग्य ने मन को शान्त किया,
वो 'आत्म-रूप' पहचान चुका,

है 'ब्रह्मभूत' आनन्दित जो,
वो शोक से सारे मुक्त हुआ,
है विषयों का अस्तित्व मिटा,
वो भक्ति-भाव से युक्त हुआ,

हो 'एकरूप' जो भक्ति में,
मुझमें ही अन्तर्लीन हुआ,
तब मैं ही मैं बस शेष रहा,
उसका स्वरूप विलीन हुआ,

जो मन, वाणी और बुद्धि से,
भक्त मेरा बन जाता है,
हो कर्म निषिद्ध चाहे उसके,
पर मेरे धाम ही आता है,

कर कर्म मेरे संरक्षण में,
हे अर्जुन! पूर्ण सचेत रहो,
करके बुद्धि को आत्म-लीन,
मुझमें मन-चित्त समेत रहो,

है भक्ति-भाव से भावित जो,
वो भव-सागर से पार हुआ,
जो अहंकार-वश दूर है मुझसे,
वो बन्दी माया-संसार हुआ,

कह 'स्वजन' यदि तुम शत्रु को,
संग्राम विमुख हो जाते हो,
कर क्षात्र-धर्म कलंकित अर्जुन,
तुम पाप के सम्मुख आते हो,

तुम क्षात्र-गुणों से बँधे हुए
ये मोह नहीं टिक पायेगा,
हे अर्जुन! तेरा क्षात्र धर्म,
तुझे युद्ध में वापस लायेगा,

ये 'देह' है जैसे यन्त्र कोई,
भौतिक शक्ति से चालित है,
है सवार हृदय में परमेश्वर,
'जीव' माया से संचालित है,

‘अनुभूति’ को भी अनुभव जिसका,
‘विश्राम’ को भी विश्राम मिले,
है ‘आत्म-रूप’ में रमण यहीं
और यहीं ‘परम’ वो धाम मिले,

हे अर्जुन! उसकी शरण धरो,
जो तेरे ‘अन्तर’ वास करे,
वो परम शान्ति का आलय है,
हर क्लेश-व्यथा का नाश करे,

जो परम गुह्यतर ज्ञान हे अर्जुन!
वो सब तुमको बतलाया है,
तुम मित्र हो अतिशय प्रीतम मेरे,
सो हित तेरा समझाया है,

निज मन को मेरा वास बना,
श्रद्धा से मुझको नमन करो,
जिह्वा पर हो 'नाम' की रट,
कानों से मेरा श्रवण करो,

देह के सब अभिमानों को
तज मुझमें ध्यान रमाओगे,
तब वचन है मेरा हे अर्जुन!
तुम धाम मेरा ही पाओगे,

तज धर्म सभी, हो शरणागत,
मैं मुक्त करूँ सन्तापों से,
कर भय-चिन्ता मैं दूर सभी,
उद्धार करूँ सब पापों से,

जहाँ ना संयम, ना निष्ठा है,
और द्वेष-भाव जो युक्त रहे,
जो भक्ति से है विरत सदा,
ये गुह्य-ज्ञान उसे गुप्त रहे,

'व्यास' कृपा से संजय भी,
आश्चर्यचकित और हर्षित है,
सुन योगेश्वर की वाणी को,
वो हुआ परम आकर्षित है,

है दया जहाँ, है धर्म वहीं,
और जहाँ धर्म, वहीं सुख होगा,
वहीं 'पुरुषोत्तम' आनन्द रूप,
और विजय शीघ्र सम्मुख होगा,

है गुरु वहीं, और ज्ञान वहीं,
वहीं लक्ष्मी संग समृद्धि है,
है दया-धर्म, पुरुषार्थ वहीं
जहाँ 'कृष्ण', वहीं पर सिद्धि है,

'सप्त-शतम' जो श्लोक यहाँ,
ये अन्त सभी भेदों का है,
है अगणित ब्रह्म की वाणी ये,
और स्वर अनन्त वेदों का है,

ऐश्वर्य, शक्ति और विजय वहीं,
जहाँ 'कृष्ण' रूप वह निर्गुण है,
है अचल नीति और धर्म वहीं
वहीं परम धनुर्धर 'अर्जुन, है,

एक भक्त हृदय 'देवालय' सा,
वहाँ 'गीता' की प्राण-प्रतिष्ठा हो,
उसे अन्त में मेरा धाम मिले,
जिस भक्त की मुझमें निष्ठा हो,

जो ज्ञानी, कर्मठ, तपसी है,
'गीतार्थ' समझने वाला है,
हो द्वेष-रहित और पाप-मुक्त,
वो मोक्ष साधने वाला है,

अर्जुन ने बोला, हे केशव!
मैं आत्म-बोध को प्राप्त हुआ,
और तेज तुम्हारी भक्ति का,
'अन्तर' में मेरे व्याप्त हुआ,

उठो पार्थ, चिन्तित ना हो,
जन्मों के मेरे साथी तुम,
हो 'नर' तुम, 'नारायन' मैं,
नित मेरे लोक के वासी तुम,

मैं शंख बजाता हूँ अर्जुन,
गांडीव-टंकार सुना देना,
अब युद्धभूमि में पार्थ नया,
बैरी को यह बतला देना,

यह धर्मयुद्ध 'महाभारत' ही,
भारत का भाग्य रचयिता है,
उस योगेश्वर का गायन है,
यह मेरी भगवद्गीता है...

परिशिष्ट

दिनाङ्क : 25.07.2024

|| नमो राघवाय ||

सर्वोपनिषदो गावो दोग्धा गोपालनन्दनः।
पार्थो वत्सः सुधीर्भोक्ता दुग्धं गीतामृतं महत् ॥

क्रांति शेखर सिंह की यह काव्य मंजरी योजना।
कृष्ण पद की यह भक्ति से ग्रसित मनस संयोजना।।
सार गीता रस मनु सुसज्जित काव्यमयी मुक्तावली।
विभिन्न छंदों से अलंकृत भावना शब्दावली।।
हो मनोहर सभ्य जिनके चित्त की आह्लादनी।
भावना अभिव्यक्ति विभूषित, भाव की सम्वादिनी।।
भगवदीय रसोम सज्जित, भव्य भाषा की लता।
कार्मिक, हलकी मुख च्युत, ज्ञान संविता।।
भावनाओ की, निःसंद सुख संवाहिका।
और घोर भावटिओ के रोग वन की दाहिका।।
दे रहा हूँ मैं प्रफुल्लित भूलसह शुभकामना।
मुदित हो अवलोक पुस्तक, भूरि भूरि महामना।।

|| जय श्री राम ||

इत्यनुरुँधे

जगद्गुरु रामानन्दाचार्य स्वामी श्री रामभद्राचार्य

पत्राचार - श्रीतुलसीपीठ (काँच मन्दिर) आमोदवन, चित्रकूट, सतना - म.प्र. (485334)

सम्पर्क सूत्र : +91 8085607376, +91 9151491008 | tulsipeethchitrakoot@gmail.com | jagadgururambhadracharya.org

श्री कृष्ण कृपा

जीओ गीता के संग, सीखो जीने का ढंग

म.मं. गीता मनीषी
स्वामी श्री ज्ञानानन्द
जी महाराज

श्री कृष्ण कृपा

धर्म क्षेत्र कुरुक्षेत्र महाभारत का युद्धक्षेत्र बना, यह अपने आप में विस्मयकारी लेकिन रहस्यमयी घटना है। वस्तुत: महाभारत युद्ध केवल दो परिवारों, दो सेनाओं का ही युद्ध नहीं था, धर्म और अधर्म का युद्ध था, धर्म के साक्षात स्वरूप भगवान कृष्ण अर्जुन के रथ-सारथि बने साथ साथ थे। विजय धर्म की होनी ही थी, इसी लिये धर्म भूमि को ही चयनित किया गया इस युद्ध के लिये!

महाभारत युद्ध के प्रारम्भ में 'सैन्य-निरीक्षण और अर्जुन का मोह' एक अत्यन्त प्रेरक भाव है; क्योंकि इसी निमित्त से अर्जुन की मोह निवृत्ति एवं कर्तव्य पथ में पुन: अधिक उत्साह तथा आत्म विश्वास से प्रवृत्ति हेतु विश्व को मिला-भगवत गीता के रूप में अनुपम-अद्भुत उपहार!

प्रिय क्रान्ति शेखर सिंह जी! आपने इस विषय और इसमें निहित गूढ़ भावों को लेखनी में उतार कर न केवल लेखनी और स्वयं को कृतार्थ किया है अपितु जिज्ञासु जनमानस को भी एक स्तुत्य प्रेरक समाधान देने का अनूठा सत्प्रयास किया है। हार्दिक शुभेच्छा सहित:

ज्ञानानन्द

श्री कृष्ण कृपा धाम, परिक्रमा मार्ग, श्रीवृन्दावन (मथुरा) 281121
0565-2540106, 2540418 gieogita@gmail.com, website : gieogita.com

॥ श्रीराम ॥

विजय कौशल

निकुँजवन-पानीघाट,
वृन्दावन (मथुरा)
दूरभाष : 7830054278

२१/६/२०२४

॥ श्रीमद भगवत गीता ॥

श्री कुरुक्षेत्र युद्ध के मैदान में भगवान श्री कृष्ण के द्वारा अर्जुन को दिया गया ज्ञानोपदेश ही जगत प्रसिद्ध ग्रन्थ गीता बन गया। ब्रह्म की वाणी गीत मय है। केवल वाणी ही नहीं अपितु सम्पूर्ण सृष्टि ही गीत मय है- संगीत मय है।

गीता केवल धार्मिक या उपासना का ही ग्रन्थ नहीं है- अपितु सम्पूर्ण मानवता की दिव्य आचार संहिता है। इसका सबसे बड़ा प्रमाण यह है कि गीता को सम्पूर्ण विश्व की भाषाओं ने छापा है। यह विश्व का अनूठा ग्रन्थ है।

यह गीत युद्ध के मैदान में गाया गया है। वह युद्ध तो केवल अठारह दिनों का ही था। मनुष्य के जीवन का युद्ध तो सतत चल रहा है। इस युद्ध का निर्णय क्या होगा यही सोचकर मनुष्य घबरा रहा है। इसकी शान्ति का समाधान गीता ही है। जैसे गंगा स्नान से पाप शान्त हो जाते हैं ऐसे ही गीता पाठ से संताप शान्त हो जाते हैं।

हमारे अतिशय प्रिय वरिष्ठ प्रशासनिक अधिकारी श्रीमान क्रान्तिशेखर जी ने गेय भाषा में "यह है मेरी- भगवत गीता" का अति सरल और काव्य में रूपान्तर किया है ग्रन्थ के यशस्वी और लोक प्रिय होने की शुभकामनाएँ- साथ ही प्रभु प्रार्थना। पुनः शुभकामनाओं सहित

विजयकौशल

ओ३म्

पतंजलि योगपीठ (ट्रस्ट)
Patanjali Yogpeeth (Trust)

क्रमांक
S.No. : ....

॥ शुभकामना संदेश ॥

दिनांक
Dated : ....

अभयं सत्त्वसंशुद्धिर्ज्ञानयोगव्यवस्थितिः।
दानं दमश्च यज्ञश्च स्वाध्यायस्तप आर्जवम्॥

श्रीमद्भगवद् गीता जैसे महनीय ग्रन्थ के साधक को अन्य किसी भी वस्तु की आवश्यकता नही है, स्वयं श्रीगीता जी के महात्म्य में उपलब्ध है कि "गीता सुगीता कर्तव्या किमन्यैः शास्त्रविस्तरै", अर्थात श्री गीता जी के श्रध्दापूर्वक, लग्नपूर्वक अध्ययन करने से सब प्रकार के ज्ञान-विज्ञान की प्राप्ति हो जाती है।

श्री क्रांति शेखर जी ने उत्कृष्ट उद्यम किया है, आपने श्री गीता जी का सम्यक अध्ययन एवं चिन्तन करके ग्रन्थ को आत्मसात किया है। आपके एकल पुरुषार्थ ने ग्रन्थ को एक नूतन कलेवर प्रदान किया है। इसके लिए आप सर्वथा साधुवाद के पात्र हैं।

मै, परम पिता परमेश्वर से प्राथना करता हू कि शीघ्रातिशीघ्र ग्रन्थ प्रकाशित होकर भक्तों को उपलब्ध हो। जिससे अधिक से अधिक भक्त लाभान्वित हो।

--शुभ आशीर्वाद सह—

स्वामी रामदेव

सम्पर्क कार्यालय : महर्षि दयानन्द ग्राम, दिल्ली-हरिद्वार राष्ट्रीय राजमार्ग, निकट बहादराबाद, हरिद्वार-249405, उत्तराखण्ड (भारत)
Admin Office : Maharishi Dayanand Gram, Delhi-Haridwar National Highway, Near Bahadrabad, Haridwar-249405, Uttarakhand, India
Tel. : 01334-240008, 244107, 248888 Fax : 01334-244805, 240664 E-mail : divyayoga@divyayoga.com Web : www.divyayoga.com

शैलजा कान्त मिश्र
आई.पी.एस. (से.नि.)
उपाध्यक्ष

अ0शा0 पत्रांक- मीमो0/2024-25
दिनांक- 13 अगस्त, 2024

शुभकामना संदेश

श्रीमद्भगवद् गीता का विश्व के धर्मग्रंथों में अतिविशिष्ट स्थान है। मुझे विश्वास है कि प्रियवर श्री क्रान्ति शेखर जी ने अथक परिश्रम से गीता का मंथन कर जिस नवनीत का परिवेषण किया है, उससे विद्वत समाज के अतिरिक्त जनसामान्य को भी पर्याप्त लाभ पहुँचेगा। इस स्तुत्य प्रयास के लिए वे बधाई के पात्र हैं।

ग्रंथ के सफल प्रकाशन हेतु मेरी ओर से अनंत मंगलकामनाऐं।

(शैलजा कान्त मिश्र)
उपाध्यक्ष,

उ0प्र0 ब्रज तीर्थ विकास परिषद
कार्यालय :474/1, सिविल लाईन्स, मथुरा (उ.प्र.)
0565-2970300 shailjakant@gmail.com www.upbtvp.in

धन्यवाद ज्ञापन

मैं विशेष रूप से जी.एल.ए. विश्वविद्यालय,मथुरा के कुलाधिपति श्री नारायण दास अग्रवाल जी को इस रचना के प्रति उनके उदार समर्थन एवं समय-समय पर उनके उत्साहवर्धन हेतु अपनी हार्दिक कृतज्ञता व्यक्त करता हूँ।

इस रचना को सफल बनाने में उन्होंने महत्त्वपूर्ण भूमिका निभाई है। आपके स्पॉन्सर-शिप से ही इस पुस्तक का प्रकाशन सम्भव हो सका।

मैं आपके विश्वास और समर्थन के लिए बहुत आभारी हूँ। योगेश्वर श्रीकृष्ण जी सदैव आपको स्वस्थ एवं प्रसन्न रखें, ऐसी कामना रखता हूँ।

बहुत बहुत धन्यवाद।

—क्रान्ति शेखर सिंह

धन्यवाद ज्ञापन

मैं श्री शालीन आनन्द जी को भी उनके सहयोग के लिए हार्दिक धन्यवाद देता हूँ जिन्होंने इस पुस्तक के डिज़ाइन, सम्पादन एवं संकलन में अपना बहुमूल्य सहयोग प्रदान किया। मैं उनके प्रति अपना आभार प्रकट करते हुए उनके उज्ज्वल भविष्य की कामना करता हूँ।

बहुत बहुत धन्यवाद।

—क्रान्ति शेखर सिंह

हे अर्जुन! तज अभिमान सभी,
स्वधर्म की महिमा गाओ तुम,
स्वीकार करो अब वीर-वृत्ति,
धर धनुष खड़े हो जाओ तुम,